LA DÉCENTRALISATION

PROJET DE RÉFORME DE LA LOI MUNICIPALE DU 5 AVRIL 1884

LA

DÉCENTRALISATION

PROJET DE RÉFORME

DE LA

LOI MUNICIPALE

DU 5 AVRIL 1884

PAR

M. ÉDOUARD DE MARCÈRE

SOUS-PRÉFET D'ABBEVILLE

PARIS

L. LAROSE, LIBRAIRE-ÉDITEUR

22, RUE SOUFFLOT, 22

1895

AVANT-PROPOS

L'opinion publique est en ce moment favorable aux idées de décentralisation. Telle est la conséquence des principes de liberté que la République, en 1870, a acclimatés en France.

La législation communale et départementale a subi, en effet, jusqu'à ce jour l'influence des régimes qui ont gouverné notre pays. La centralisation était le propre des Gouvernements autoritaires. Il est naturel que dans un État démocratique et libéral, tel que la République parlementaire, les idées de décentralisation se fassent jour et reprennent faveur. On y voit encore à une époque où une économie sévère s'impose pour équilibrer les budgets et où les finances publiques demandent de grands ménagements un moyen de réduire les charges en simplifiant des rouages trop compliqués. L'administration elle-même ou tout au moins un grand nombre de ses membres verraient avec plaisir diminuer le nombre des formalités de la bureaucratie qui deviennent chaque jour plus encombrantes et qui retardent, malgré leurs efforts, l'expédition des affaires à mesure que des lois nouvelles viennent augmenter chaque année l'importance des fonctions administratives. Enfin, il est beaucoup d'esprits qui pensent que la France ne jouira vraiment d'un Gouvernement libre, que les institutions républicaines ne s'y acclimateront suffisamment pour y devenir indéracinables, que le jour où le pays sera habitué à

1

faire lui-même le plus souvent possible ses affaires, sans avoir recours à des guides qui, quelles que soient leurs excellentes intentions, ont nécessairement la tentation d'abuser de leur pouvoir et de le faire peser sur leurs concitoyens.

Toutes ces raisons concourent à rendre populaire la décentralisation. Cette décentralisation consiste donc d'une part à réduire les formalités trop compliquées que la bureaucratie durant un siècle a accumulées, à donner ainsi satisfaction à l'opinion publique fatiguée par des exigences excessives et des retards qui ne sont pas le plus souvent la faute des fonctionnaires, mais celle de la législation et des règlements auxquels ils sont soumis ; à diminuer dans la plus large mesure, par voie de conséquence, le personnel et à produire ainsi un allègement des charges publiques qui aura une heureuse répercussion sur les budgets ; d'autre part, et c'est là le but le plus important de la décentralisation, les réformes projetées doivent tendre à donner la plus grande liberté aux communes et aux départements, aux associations locales, en les habituant à vivre de leur vie propre, à traiter sous leur responsabilité les affaires locales, sans qu'on ait besoin de les diriger dans leurs actes comme on le ferait vis à vis de mineurs ou d'enfants. Nos concitoyens sont assez habitués depuis un siècle de liberté à la pratique des affaires publiques, pour pouvoir traiter aussi bien que leurs propres intérêts, ceux qui les touchent de plus près, les intérêts de la Commune qu'ils habitent, où ils sont appelés à passer leur existence, de la région immédiate qui les entoure. Il convient seulement de conserver à l'État un droit de contrôle suffisant pour s'opposer aux abus de pouvoir que certaines municipalités pourraient commettre et pour maintenir l'unité qui a fait la force et la grandeur de la France et qu'une extension exagérée des libertés locales serait de nature à compromettre.

Tel est l'esprit dans lequel cet essai sur les modifications pratiques qu'il serait possible d'apporter à la loi municipale du 5 avril 1884, base de l'organisation administrative des Communes, a été conçu. Les réformes qui y sont présentées auraient pour effet, si elles étaient réalisées, de donner un essor nouveau à la vie communale, d'augmenter dans une large mesure les libertés municipales. Il n'y a là qu'une indication de ce qu'il est possible de tenter dans la voie de la décentralisation. Le champ des réformes est vaste. J'ai seulement essayé de montrer, sur un point spécial, la voie à suivre, si tant est que ces modification soient goutées des hommes compétents. Ces améliorations dans l'Administration proprement dite des Communes peuvent également être appliquées aux Hospices, aux Bureaux de Bienfaisance, à toutes les institutions de la Commune, puis au Département lui-même et aux différents rouages de l'État.

Je ne pense pas que pour accomplir une œuvre prompte et utile en matière de décentralisation, il y ait lieu d'aller chercher trop d'exemples dans le passé et dans la législation des pays étrangers où les institutions sont appropriées aux mœurs et aux coutumes de leurs habitants.

Pour faire une réforme féconde en France, il suffit, en tenant le plus grand compte de l'expérience acquise, de s'inspirer de notre génie national, de se préoccuper surtout des améliorations possibles et de bien constater les besoins nouveaux auxquels il convient de pourvoir d'après les nécessités du tempérament français et les exigences de notre état social.

Si l'expérience était favorable à cette tentative d'extension de l'autonomie de la Commune, il serait possible de la développer par la suite et d'augmenter encore les libertés municipales. Ces réformes qui ne sont proposées que dans un esprit de sage mesure pourraient servir de transition entre la situation actuelle et un état encore plus perfectionné de la vie communale.

EXPOSÉ DES MOTIFS

Ainsi que permettra de le constater l'examen des modifications apportées dans ce projet de réforme de la loi municipale, l'idée dominante de ce travail a été d'isoler la Commune, de la laisser autant que possible libre de ses actes, d'en faire une personnalité morale bien distincte, représentant des intérêts qui ne se confondent pas avec d'autres, pour ne citer que ceux du Département et de l'État. Aussi ne conserve-t-on que la tutelle directe de l'État, représenté par les agents du pouvoir exécutif, parce qu'il importe, surtout si on augmente les libertés communales, d'éviter que cet accroissement d'indépendance ne dégénère en anarchie et en licence ; qu'il convient de maintenir dans les circonstances importantes les lois qui relient la Commune à l'État, pour sauvegarder l'unité de la Patrie ; qu'il est prudent de tenir la main à ce que le faisceau des organes de notre vie politique, sur toute la surface du territoire, ne soit pas rompu. Tel est le but poursuivi. C'est ainsi que dans cette législation nouvelle destinée à augmenter sensiblement l'indépendance administrative des Communes, on peut voir cependant une disposition qui donne la nomination des agents de la police municipale aux représentants directs de l'État. C'est que la police peut dans certains moments avoir à défendre les intérêts de l'État, que celui-ci doit avoir dans les mains les moyens d'exécution, lorsqu'il y a lieu à défaut d'autres arguments, de recourir à la force qui est, à certaines époques, la raison finale. L'expérience a démontré qu'il y a un danger à laisser l'autorité municipale se substituer à celle du pouvoir central dans l'action qui doit être exercée par la force armée. Cette réforme ne diminuerait en rien les libertés des Communes, mais fortifierait la sûreté de l'État.

Le Conseil général, de même que le Conseil d'arrondissement dont les attributions sont aujourd'hui si peu étendues, qu'on pourrait le supprimer si la Constitution n'avait pas désigné ses membres comme électeurs sénatoriaux, sont préposés à la défense d'intérêts différents de ceux de la Commune. On a voulu évidemment augmenter les attributions du Conseil général, en faire un corps plus important, quand on l'a fait intervenir dans des questions qui intéressent surtout la Commune. Il ne faudrait pas sous le prétexte d'augmenter les attributions d'une assemblée spécialement chargée des intérêts départementaux, en profiter pour mettre la Commune sous sa dépendance et substituer cette tutelle nouvelle d'un corps délibérant à celle du pouvoir exécutif. Aussi, si la tutelle des Conseils généraux sur les Communes peut être maintenue dans les cas où il y a un intérêt régional en jeu que les Conseils généraux peuvent apprécier de haut et en dehors des compétitions et des divisions locales qui agitent les assemblées communales, il y a lieu, dans un projet de véritable décentralisation, de supprimer l'intervention du Conseil général dans la plupart des cas où des questions d'administration communale proprement dite sont en cause. Le contrôle et la surveillance des agents du pouvoir exécutif, représentant les intérêts de l'État et l'intérêt supérieur des Communes dont ils peuvent être juges avec impartialité, se justifient beaucoup mieux.

On pourrait en dire autant du rôle des Conseils de Préfecture et du Conseil d'État. Les Conseils de Préfecture sont des tribunaux chargés de juger le contentieux des affaires administratives, plutôt que des Conseils appelés à éclairer le Préfet sur l'administration d'un Département. Dans ce dernier rôle ils se trouvent trop sous la dépendance de l'autorité préfectorale pour exercer avec une entière liberté l'action que leur confère la loi. Aussi, en fait, ne l'exercent-ils pas et il n'y a

aucun inconvénient à supprimer cette formalité de l'intervention du Conseil de Préfecture dans l'élaboration des divers
arrêtés que le Préfet est appelé à prendre journellement dans
ses fonctions de tuteur administratif des Communes. J'ajoute
qu'il peut exister un inconvénient à voir cette action du Préfet qui ne relève que de l'autorité centrale, contrôlée et peut-
être contrecarrée par des fonctionnaires administratifs placés
sous ses ordres.

De même le Conseil d'État a un rôle important à jouer
dans l'étude et l'examen des projets de loi soumis aux
Chambres et des décrets d'administration publique. Il peut
également donner des avis éclairés sur toutes les questions
qui lui sont soumises par le pouvoir exécutif. Il est enfin,
avant tout, comme les Conseils de Préfecture à un degré
inférieur, le régulateur de la jurisprudence administrative et le tribunal supérieur de tout le contentieux administratif. Son rôle, dans cet ordre d'idées, s'explique beaucoup
mieux que sa participation à l'administration directe des
Communes de concert avec le Président de la République et
les Ministres. Il est placé trop haut et trop loin des Communes pour pouvoir avec efficacité les administrer directement
tout au moins dans un grand nombre de cas peu importants.
Ici encore, on pourrait afin d'activer la solution de beaucoup
d'affaires que retarde leur envoi au Conseil d'État supprimer
l'intervention de cette haute assemblée dans l'élaboration des
décrets que rend le pouvoir exécutif. N'est-ce pas le cas d'ap-
pliquer cette maxime fondamentale du droit administratif :
agir est le fait d'un seul ; — délibérer celui de plusieurs ?
Ainsi, rendre la Commune maîtresse d'elle-même, dans les
limites où cette liberté ne nuit pas à l'unité nationale, la
dégager de toutes les tutelles qui ne sont pas indispensables
en dehors de celle du pouvoir exécutif, faciliter et accélérer
les formalités administratives qui doivent assurer le fonctionnement de ses organes, telle est l'idée générale qui a présidé à
ce travail. Quels sont les moyens à employer pour obtenir un
résultat conforme à cette idée ?

La loi du 5 avril 1884 a été votée avec l'intention d'augmenter les libertés communales, mais elle n'a pu donner en raison notamment des modifications qui y ont été apportées pendant la discussion devant les Chambres, tous les résultats que ses auteurs en espéraient et si elle a eu pour effet de codifier de nombreuses dispositions éparses dans différents textes, elle a laissé subsister la tutelle administrative dans un trop grand nombre de cas. C'est ainsi que l'article 68 qui aurait pu modifier, s'il était réellement applicable, la législation communale dans un sens libéral n'a pas porté tous les fruits qu'il était permis d'en espérer. Cet article dit, en effet, que les acquisitions d'immeubles, constructions nouvelles, projets, plans et devis de grosses réparations et d'entretien, n'ont pas besoin d'être approuvés par l'autorité supérieure quand la dépense totalisée avec les dépenses de même nature pendant l'exercice courant ne dépasse pas la limite des ressources ordinaires et extraordinaires que les Communes peuvent se créer sans autorisation spéciale. Or, il est bien peu de communes qui se trouvent dans ces conditions et il en résulte que cette disposition légale introduite en faveur des Communes ne peut presque jamais être appliquée.

Il y aurait lieu d'augmenter sur ce point les libertés communales, de décider par exemple que les Conseils municipaux pourraient voter sans autorisation et pour une durée n'excédant pas cinq ans des contributions extraordinaires dans la limite du maximum des vingt centimes fixé actuellement par la loi de finances pour en affecter le produit à des dépenses ordinaires ou extraordinaires d'utilité communale ou à des dépenses obligatoires en cas d'insuffisance de revenus. La nécessité pour les Conseils généraux de déterminer chaque année dans les limites de ce maximum le nombre des centimes que les Communes peuvent être autorisées à s'imposer disparaîtrait par le fait. Les cinq centimes spéciaux que les Communes peuvent voter pour leur participation aux Syndicats de Communes, les trois centimes extraordinaires affectés aux chemins vicinaux et aux chemins ruraux, les trois centimes

destinés à venir en aide aux familles nécessiteuses des hommes
de la réserve et de l'armée territoriale appelés pour une
période d'exercice, les centimes pour l'instruction primaire et
généralement les centimes extraordinaires votés en vertu de
lois spéciales ne seraient pas compris bien entendu dans ce
maximum de vingt centimes que les Communes auraient la
faculté de voter. Les délibérations votant une imposition dans
la limite de ces vingt centimes seraient exécutoires par elles-
mêmes, si le Préfet ne les annulait pas dans le délai de deux
mois au lieu de celui d'un mois fixé par l'article 66 de la loi
du 5 avril 1884. Il ne pourrait user de ce droit d'annulation
que si les Conseils municipaux votaient des ressources applicables à des dépenses qui seraient faites en violation d'une loi
ou d'un règlement d'administration publique. Il va de soi qu'à
l'expiration du délai de cinq ans, les Conseils municipaux
pourraient voter de nouveau vingt centimes pour une nouvelle
période de cinq ans. Toutes contributions extraordinaires
dépassant le maximum fixé à vingt centimes ou devant excéder cinq ans seraient autorisées par le Préfet, de même que
les emprunts remboursables sur les mêmes centimes extraordinaires ou sur les revenus ordinaires dans un délai excédant
dans ce dernier cas trente ans. Si la contribution était établie
pour une durée de plus de trente ans ou si l'emprunt remboursable sur ressources extraordinaires devait excéder cette
durée, l'autorisation devrait être donnée par décret, sans l'intervention du Conseil d'État.

Il serait statué également par décret si la somme à emprunter
dépassait un million ou si réunie aux chiffres d'autres
emprunts, non encore remboursés, elle dépassait un million.
Cette modification apportée à la loi municipale aurait pour
conséquence d'augmenter dans une large mesure les libertés
communales principalement celles des petites Communes. La
plupart des Communes en effet ne dépasseraient pas le maximum de vingt centimes extraordinaires et pourraient par
suite sans approbation de l'autorité supérieure procéder aux
acquisitions d'immeubles, constructions nouvelles, recons-

tructions entières ou partielles, projets, plans et devis de
grosses réparations et d'entretiens et au plus grand nombre des
menus travaux d'utilité communale, prévus au paragraphe 3
de l'article 68. La tutelle administrative ne s'exercerait plus
en fait que dans les grandes Communes où l'importance des
travaux exécutés justifierait son intervention ou dans les
petites Communes surchargées d'impôts où cette surveillance
serait une garantie pour les contribuables.

Il y aurait lieu également en ce qui concerne l'article 68 de
supprimer l'approbation préfectorale pour les délibérations
portant sur la vaine pâture, le classement, le déclassement, le
redressement ou le prolongement, l'élargissement, la suppression des rues et places publiques, sauf celles formant le prolongement de chemins vicinaux ou de routes nationales ; la
création et la suppression des promenades, squares ou jardins
publics, champs de foire, de tir ou de course, l'établissement
des plans d'alignement et de nivellement des voies publiques
municipales sous la même réserve pour les voies formant le
prolongement de chemins vicinaux ou de routes ; les modifications à des plans d'alignements adoptés ; le tarif des droits
de voirie, des droits de stationnement et de location, mais
dans les limites d'un maximum fixé par arrêté préfectoral,
sur les dépendances de la voirie municipale et du domaine
communal, le domaine public et les prolongements des
chemins vicinaux et des routes exceptés et généralement les
tarifs des droits divers à percevoir au profit des Communes en
vertu de l'article 133 de la loi du 5 avril 1884 en établissant
aussi pour ces sortes de droits un maximum fixé par arrêté
préfectoral et que les Conseils municipaux ne pourraient pas
dépasser à moins de soumettre leurs délibérations à l'approbation ; le budget communal ; les crédits supplémentaires, les
contributions extraordinaires et les emprunts votés dans les
limites du maximum des vingt centimes extraordinaires ;
l'établissement, la suppression ou les changements de foires
et marchés autres que les simples marchés d'approvisionnement. Les Conseils municipaux auraient pleine latitude en

cette matière, l'opportunité de la création des foires et marchés rentrant dans leur compétence et ceux-ci n'ayant d'avenir que s'il répondent à des besoins réels.

Il est bien entendu que si les délibérations des Conseils municipaux relatives au classement, au déclassement, au prolongement, au redressement à l'élargissement des rues et places publiques et à toutes les matières pour lesquelles l'approbation du Préfet serait supprimée devenaient exécutoires par elles-mêmes, les recours établis par la loi devant le Ministre de l'Intérieur et pour excès de pouvoir devant le Conseil d'État n'en subsisteraient pas moins. L'autorisation préfectorale seule deviendrait superflue. En fixant par arrêté préfectoral un maximum pour chaque nature de droits pour l'établissement des droits de voirie, de place et autres taxes municipales, on éviterait que les Conseils municipaux n'exagèrent la quotité de ces droits et ne créent de véritables impôts vexatoires pour le commerce et les intérêts privés. Si ce maximum était dépassé, il y aurait lieu à autorisation préfectorale. Il conviendrait également de continuer à soumettre à l'approbation les délibérations établissant le tarif des droits de stationnement et de location sur les dépendances du domaine public et sur les voies formant le prolongement des chemins vicinaux et des routes. Une législation spéciale régit en effet cette matière et il convient de se préoccuper à l'occasion de l'établissement de ces droits de ne pas porter préjudice à la sûreté et à la liberté de la circulation.

La loi du 24 juillet 1867 avait conféré aux Conseils municipaux le droit de régler souverainement les tarifs, en ce qui concerne les droits de place à percevoir dans les halles, foires et marchés, ainsi que les droits de stationnement, de place et de location sur les rues, places ou autres lieux dépendant du domaine public communal. La loi du 5 avril 1884 a cru devoir ne pas maintenir le même pouvoir aux assemblées communales. Ce n'est donc pas faire œuvre de trop grande hardiesse que de demander moins que ce qui était accordé sous l'Empire par la loi de 1867, c'est-à-dire d'autoriser les

Conseils municipaux à voter sans autorisation le tarif de ces droits dans les limites d'un maximum fixé par arrêté préfectoral.

Les délibérations qui ne seraient pas soumises à l'approbation préfectorale ne deviendraient néanmoins exécutoires que deux mois après le dépôt qui en aurait été fait à la Préfecture ou à la Sous-Préfecture. Le Préfet conserverait le droit de les annuler sans l'intervention du Conseil de Préfecture toutes les fois qu'elles seraient prises en violation d'une loi ou d'un règlement d'administration publique.

Il conviendrait à ce propos de supprimer la distinction qui existe entre les délibérations nulles de plein droit et les délibérations annulables auxquelles auraient pris part des Membres du Conseil intéressés, soit en leur nom personnel soit comme mandataires à l'affaire qui en fait l'objet. La nullité de ces délibérations comme de celles portant sur un objet étranger aux attributions du Conseil municipal ou prises hors de sa réunion légale et de celles prises en violation d'une loi ou d'un règlement d'administration publique devrait être déclarée par arrêté préfectoral dans un délai de deux mois à partir du dépôt constaté par récépissé du procès verbal des délibérations à la Préfecture ou à la Sous-Préfecture ou de l'affichage à la porte de la mairie quand la nullité est demandée par toute personne intéressée ou un contribuable de la Commune. Il ne paraît pas nécessaire que l'arrêté préfectoral déclarant la nullité soit pris en Conseil de Préfecture, l'intervention de ce tribunal administratif dans ces circonstances n'étant dans la pratique qu'une simple formalité et ses membres ne pouvant d'ailleurs s'opposer à la déclaration de nullité si elle est reconnue nécessaire par le Gouvernement ou son représentant direct, le Préfet.

En ce qui concerne les travaux des Communes, quand bien même pour leur exécution il y aurait lieu de recourir à des crédits dépassant le maximum de vingt centimes extraordinaires, ils pourraient toujours être exécutés par voie d'économie sans autorisation préalable quand les sommes à dépenser ne dépasseraient pas le chiffre de mille francs pour chaque nature de travaux. S'il en était ainsi, la plus grande partie des travaux d'entretien et même beaucoup de travaux neufs pourraient être exécutés sans autorisation, tout au moins dans les petites Communes qui forment la grande majorité. Si la somme à dépenser dépassait le chiffre de mille francs, il serait, après autorisation, procédé aux travaux par voie d'adjudication, ce qui serait la règle, ou par voie de régie ou de traité de gré à gré. Mais il n'y aurait plus comme maintenant un chiffre fixe au-dessus duquel il ne serait pas permis d'exécuter les travaux par voie de traité de gré à gré ou de régie et si ces modes d'exécution étaient reconnus préférables l'administration supérieure pourrait les autoriser quel que soit le chiffre de la dépense.

En résumé la liberté existerait pour les Communes de voter des impositions extraordinaires jusqu'au maximum de vingt centimes. Dans cette limite l'administration supérieure ne pourrait pas s'opposer au vote des ressources que les Communes jugeraient nécessaire de s'imposer pour leurs besoins.

En ce qui concerne l'exécution des travaux, sans qu'il y ait lieu de distinguer entre les travaux d'entretien et les travaux neufs, entre les travaux exécutés sur des crédits dépassant ou non le maximum de vingt centimes extraordinaires, les Communes pourraient entreprendre toute nature de travaux jusqu'à concurrence de mille francs sans autorisation. L'expérience administrative démontre en effet qu'en fixant ce chiffre, les Communes pourraient entreprendre sans autorisation la plupart de leurs menus travaux d'entretien et même quelques travaux neufs. Si les sommes à dépenser dépassaient le chiffre de mille francs, il y aurait lieu pour la garantie des contribuables, d'exiger l'autorisation préfectorale. Mais quel que soit le chiffre de la dépense, il pourrait y être procédé soit par voie d'économie, de traité de gré à gré, soit par voie d'adjudication, ce dernier mode d'exécution, restant toutefois en principe, celui qui devrait être généralement suivi. Si la Commune demandait une subvention au Département et à l'État, le Préfet aurait toujours la faculté de réclamer la production des plans et devis et de toutes les pièces justificatives de la dépense.

Les budgets des Communes n'auraient plus besoin d'être approuvés. Les budgets devraient seulement être transmis par l'intermédiaire du Sous-Préfet au Préfet qui se réserverait dans un délai déterminé de s'opposer à l'exécution des délibérations votant des crédits illégaux, ou d'y apporter ou d'y faire apporter toutes les modifications nécessaires conformément aux lois et aux règlements d'administration publique.

Quant aux travaux outre que toutes les délibérations les concernant seraient transmises au Sous-Préfet et au Préfet qui pourrait user en cas de besoin de son droit d'annulation conformément à la loi, les receveurs municipaux pourraient exercer un contrôle sur la légalité de leur exécution en se refusant au paiement des mandats de travaux exécutés sans autorisation préalable, quand cette autorisation serait nécessaire.

Si ces dispositions étaient introduites dans la nouvelle législation, elles feraient faire certainement un pas important à la décentralisation telle qu'elle est demandée par les partisans de l'extension des libertés des Communes. Mais il est encore beaucoup d'autres points sur lesquels la loi du 5 avril 1884 pourrait être avantageusement modifiée et simplifiée dans ses formalités. C'est ce qu'un examen détaillé de cette loi, article par article, permet de constater.

TITRE PREMIER

DES COMMUNES

ARTICLE 2. — L'avis du Conseil d'État ne paraît pas nécessaire pour le changement de nom d'une Commune ; les avis du Conseil municipal, du Conseil général et du Ministre de l'Intérieur représentant les intérêts de l'État doivent être suffisants.

ARTICLE 3. — Les Conseils d'arrondissement étant appelés à disparaître, on pourrait supprimer leur avis dans les différents cas prévus à l'article 3.

ARTICLE 5. — De même pour l'érection d'une Commune nouvelle, l'avis du Conseil d'État ne paraît pas nécessaire et un décret peut remplacer la loi exigée en pareil cas. Il convient en effet de faire intervenir le moins possible le pouvoir législatif dans les questions qui sont surtout administratives.

ARTICLE 6. — Pour les autres modifications à la circonscription territoriale des Communes, la suppression et la réunion de deux ou plusieurs Communes, la désignation du nouveau Chef-lieu, les changements modifiant la circonscription de l'Arrondissement ou du Canton, un décret pourrait remplacer la loi.

TITRE II

DES CONSEILS MUNICIPAUX

CHAPITRE PREMIER. — *Formation des Conseils municipaux.*

ARTICLE 10. — Le Sous-Préfet dans son Arrondissement pourrait prendre un arrêté au lieu et place du Préfet pour la division des Communes en plusieurs bureaux de vote et pour la convocation des électeurs dans toutes les circonstances où il y a lieu de procéder à des élections municipales. Il en résulterait une économie de temps et une simplification de formalités. Le Sous-Préfet ne serait plus obligé en effet d'adresser des propositions au Préfet toutes les fois que la loi oblige de procéder à une élection.

ARTICLE 12. — Dans le but d'éviter des élections trop fréquentes dans l'intervalle du renouvellement des Conseils municipaux, ainsi qu'il arrive aujourd'hui, il y aurait lieu de décider que ces Conseils devraient se trouver réduits non plus au quart, mais à la moitié de leurs membres pour qu'il fût nécessaire de procéder à des élections complémentaires.

ARTICLE 14. — Il y aurait lieu de préciser le cas où il conviendrait de nommer une délégation spéciale quand le Conseil municipal a été dissous ou que tous ses membres en exercice ont donné leur démission. D'après la jurisprudence actuelle, il faudrait nécessairement nommer une délégation spéciale quand une Commune se trouve dans cette situation. Il serait préférable de n'exiger la constitution d'une délégation spéciale que dans le cas où aucun des membres de l'ancienne municipalité ou du Conseil municipal dissous ou démissionnaire ne consentirait à remplir provisoirement les fonctions de Maire jusqu'à la nomination d'une nouvelle Municipalité. Un arrêté préfectoral peut remplacer le décret pour la constitution de la délégation spéciale. C'est toujours en effet sur les propositions du Préfet que le décret est rendu en pareil cas.

CHAPITRE II. — *Fonctionnement des Conseils municipaux*

ARTICLE 50. — Afin de faciliter aux Conseils municipaux l'exercice de leur mandat, il serait utile de supprimer les troisièmes convocations actuellement prescrites lorsque la majorité des membres en exercice n'assiste pas aux séances. Quand sur une première convocation, le Conseil municipal ne se serait pas réuni en nombre suffisant pour délibérer, les délibérations prises après la seconde convocation seraient valables quel que soit le nombre des membres présents. Si le nombre nécessaire n'est pas atteint, c'est que le plus souvent il y a un parti pris d'obstruction de la part d'une fraction du Conseil municipal qui justifie la suppression de formalités qui entravent la marche des affaires communales. S'il est en effet possible que dans une première réunion la majorité des membres en exercice ne soit pas présente, il n'est pas admissible que cette circonstance se retrouve, à moins d'un véritable parti pris, dans une seconde réunion.

ARTICLE 51. — Quand le vote a lieu au scrutin secret, le Maire ne peut pas user de sa voix prépondérante et il en résulte en cas de partage que les délibérations du Conseil municipal ne peuvent pas avoir de résultat. Il conviendrait pour remédier à cet inconvénient de permettre au Maire de faire connaître son opinion et sa voix resterait prépondérante, en cas de partage, même lorsque le scrutin serait secret. Si le Maire refusait de faire connaître son opinion, le vote public serait de droit et le Conseil municipal déciderait à la majorité des votants.

ARTICLE 60. — Le Sous-Préfet devrait pouvoir aussi bien que le Préfet accuser réception des démissions des Conseillers municipaux et rendre ces démissions définitives. De même il devrait pouvoir déclarer démissionnaires les membres du Conseil municipal qui, sans motifs reconnus légitimes par le Conseil, manqueraient à trois convocations successives. Il est de règle en effet que le Préfet ne prenne de décision dans ces deux cas que sur l'avis du Sous-Préfet qui est plus à même d'apprécier l'opportunité de mesures de cette nature d'après les circonstances locales.

CHAPITRE III. — *Attribution des Conseils municipaux*

ARTICLES 68 et 69. — Les délibérations des Conseils municipaux seraient en principe exécutoires par elles-mêmes sauf le cas où une approbation de l'autorité supérieure serait reconnue nécessaire par la loi. Toutes les délibérations continueraient à être transmises au Préfet ou au Sous-Préfet et pour sauvegarder les intérêts de la loi qui pourraient être lésés le Préfet aurait le droit de déclarer nulles, dans le délai de deux mois à partir de l'accusé de réception, toutes les délibérations même celles exécutoires par elles-mêmes lorsqu'un cas de nullité pourrait être invoqué en vertu des articles 63 et 64 de la loi du 5 Avril 1884, c'est-à-dire lorsque les délibérations auraient porté sur un objet étranger aux attributions du Conseil municipal ou auraient été prises hors de sa réunion légale, en violation d'une loi ou d'un règlement d'administration publique ou par des membres du Conseil intéressés soit en leur nom personnel soit comme mandataires aux affaires en faisant l'objet. Le Préfet doit statuer en Conseil de Préfecture dans les cas prévus aux n°s 1, 2, 4, 6 de l'article 68 de la loi municipale c'est-à-dire pour les conditions de baux dont la durée dépasse 18 ans, pour les aliénations, échanges de propriétés communales, pour les transactions, pour la vaine pâture. Il y aurait lieu de supprimer dans ces différents cas l'intervention du Conseil de Préfecture qui n'est qu'une simple formalité dont l'application est de nature à retarder l'expédition rapide des affaires. Il serait préférable d'une manière générale de retirer au Conseil de Préfecture les attributions de tutelle administrative qu'il exerce aujourd'hui avec le Préfet et de le renfermer surtout dans son rôle véritable de tribunal administratif chargé du jugement des affaires contentieuses.

ARTICLE 70.— Depuis l'organisation nouvelle de l'Assistance médicale l'avis du Conseil municipal ne paraît plus nécessaire pour la création des bureaux de bienfaisance puisque chaque Commune possède de droit aujourd'hui un bureau d'assistance à défaut de bureau de bienfaisance.

TITRE III

DES MAIRES ET DES ADJOINTS

ARTICLE 77. — Dans le but d'éviter des élections municipales trop fréquentes, il pourrait être décidé sans inconvénient qu'en cas de nomination du Maire ou des adjoints il ne serait procédé préalablement aux élections qui pourraient être nécessaires pour compléter le Conseil municipal que si cette assemblée était réduite à la moitié de ses membres au lieu des trois quarts. Si de nouvelles vacances se produisaient après ces élections complémentaires et avant l'élection du Maire ou des adjoints il ne serait nécessaire de compléter de nouveau le Conseil municipal que s'il était réduit également à la moitié de ses membres.

ARTICLE 86. — La révocation du Maire ou de l'adjoint emporte de plein droit leur inéligibilité aux mêmes fonctions pendant une année à dater du décret de révocation. Ce délai devrait être prolongé jusqu'au renouvellement général des Conseils municipaux. Il n'est pas convenable en effet que le même Conseil municipal puisse renouveler au bout d'un an le mandat d'un Maire frappé pour motifs graves par une décision de l'autorité supérieure et il convient d'attendre que le suffrage universel ait ratifié ou non la conduite du Maire qui a été l'objet d'une mesure disciplinaire.

ARTICLE 98. — Les permissions de voirie que le Maire refuserait sans motif, pourraient être accordées comme aujourd'hui, par le Préfet et par le Sous Préfet dans son arrondissement.

ARTICLE 102. — Les gardes-champêtres au lieu d'être agréés par le Sous-Préfet ou le Préfet devraient être nommés

par eux sur la présentation du Maire. Il devrait en être de
même pour les Inspecteurs de police, les brigadiers, sous-
brigadiers et agents de police. Il devrait être stipulé que la
suspension pour les agents de police, de même que pour les
gardes-champêtres, ne pourrait excéder un mois. Si le Maire
ne proposait au choix du Préfet ou du Sous-Préfet aucun nom
convenable il pourrait être procédé directement à la nomination par les soins du Préfet ou du Sous-Préfet. De même que
pour la nomination des gardes-champêtres, il devrait être
stipulé un délai au Préfet et au Sous-Préfet pour faire la
nomination des inspecteurs, brigadiers, sous-brigadiers et
agents de police. Ces différentes mesures auraient pour effet
de mettre réellement la police sous la direction de l'administration supérieure, d'éviter les conflits qui existent dans un
trop grand nombre de villes et de remédier à des abus que
l'expérience de la vie administrative des villes permet trop
souvent de constater. Il est d'ailleurs naturel que des agents
qui sont chargés non seulement de l'exécution des mesures de
police municipale mais aussi de police d'État dépendent
effectivement pour leur nomination de l'autorité la plus élevée.

TITRE IV

DE L'ADMINISTRATION DES COMMUNES

———

CHAPITRE PREMIER. — *Des biens, travaux et établissements communaux.*

ARTICLE 110. — La vente des biens mobiliers et immobiliers des Communes autres que ceux servant à un usage public pourrait être utilement autorisée, sur la demande de tous créanciers porteurs de titres exécutoires, par un arrêté préfectoral au lieu d'un décret du Président de la République. Il y aurait lieu en effet de faciliter dans cette circonstance l'exercice de droits particuliers et d'éviter la longueur des formalités d'un décret dont l'intervention ne se justifie guère.

ARTICLE 111. — Les délibérations du Conseil municipal ayant pour objet l'acceptation des dons et legs lorsqu'il y a des charges et conditions pourraient être exécutoires sur l'arrêté du Préfet sans que cet arrêté soit pris en Conseil de Préfecture, en vertu de l'application de ce principe qui tendrait à renfermer les Conseils de Préfecture dans leurs attributions purement contentieuses, leur intervention en matière de tutelle administrative étant en réalité le plus souvent une simple formalité. S'il y avait des réclamations des prétendants droit à la succession, l'autorisation pourrait être accordée par décret rendu en dehors du Conseil d'État, en tenant compte du même principe.

ARTICLE 116. — On a mis en avant à plusieurs reprises l'idée de la création de conseils cantonaux qui seraient un intermédiaire entre les Conseils municipaux et le Conseil général. Cette création ne paraît pas utile et alors qu'on cherche à simplifier les rouages de l'Administration elle serait plutôt de nature à les augmenter et à en rendre le fonctionnement plus compliqué. L'article 116 donne aux Conseils municipaux d'un canton la faculté de provoquer entre eux une entente sur les objets intéressant à la fois leurs Communes respectives. Ils peuvent débattre leurs intérêts communs dans des conférences où chaque Conseil municipal est représenté par une commission spéciale composée de trois membres. L'organisation cantonale existe donc déjà grâce à ces conférences; il suffit de s'en servir, ce qui n'a pas été fait suffisamment jusqu'à présent. Il semble superflu de procéder à la création de Conseils cantonaux nouveaux dont le plus clair résultat serait de retarder la marche des affaires. Les fonctionnaires de l'Administration préfectorale sont en effet les intermédiaires les mieux désignés entre les communes et le Conseil général.

ARTICLE 119. — Il y aurait lieu de simplifier la législation actuelle en ce qui concerne les emprunts faits par les hospices et autres établissements charitables communaux, de décider par exemple qu'un arrêté préfectoral est suffisant pour les autoriser, que la somme à emprunter dépasse ou non le chiffre des revenus ordinaires de l'établissement pourvu que le délai de remboursement n'excède pas trente ans. Si le délai était dépassé, si l'avis du Conseil municipal était contraire ou s'il s'agissait d'un établissement ayant plus de cent mille francs de revenus, il y aurait lieu de recourir à un décret sans intervention du Conseil d'État. Enfin, comme dans la législation actuelle, une loi serait nécessaire si la somme à emprunter dépassait cinq cent mille francs ou si cette somme atteignait le même chiffre réuni aux chiffres d'autres emprunts non encore remboursés.

ARTICLE 120. — Un arrêté préfectoral pourrait remplacer la formalité du décret pour autoriser les commissions administratives des établissements charitables à changer l'affectation des locaux ou objets immobiliers ou mobiliers de ces établissements. Un décret ne serait nécessaire que si l'avis du Conseil municipal était contraire à la demande des commissions administratives.

CHAPITRE II. — *Des actions judiciaires.*

ARTICLE 121. — La Commune devrait pouvoir se défendre sans qu'il soit besoin d'une autorisation du Conseil de Préfecture quand elle est l'objet d'une action judiciaire. On ne comprend pas en effet que la Commune soit empêchée de se défendre et que le refus de l'autorisation ait pour conséquence de la faire condamner par défaut et de la priver de la garantie que lui assurerait au procès auquel elle est mêlée, malgré elle, la représentation de ses intérêts. Toutefois une Commune peut s'entêter à soutenir un procès évidemment mauvais. Dans ce cas le Préfet serait juge de décider s'il y a lieu de recourir à l'autorisation du Conseil de Préfecture.

CHAPITRE III. — *Du Budget communal.*

SECTION PREMIÈRE. — **Recettes et dépenses.**

ARTICLE 133. — Dans cet article qui fait l'énumération des recettes du budget ordinaire des communes, il y aurait lieu de supprimer l'autorisation par arrêté préfectoral en ce qui concerne l'établissement des centimes pour insuffisance de revenus lorsqu'il s'agit de dépenses obligatoires et que le maximum de vingt centimes extraordinaires n'est pas dépassé. Il conviendrait également de supprimer le décret actuellement nécessaire lorsqu'il s'agit d'une autorisation d'établir des centimes pour dépenses facultatives tant que le maximum de vingt centimes extraordinaires ne serait pas dépassé.

ARTICLE 136. — L'article 136 décide, en faisant l'énumération des dépenses obligatoires pour les Communes, que s'il y a désaccord entre la Fabrique et la Commune quand le concours financier de cette dernière est réclamé par la Fabrique dans les cas prévus aux paragraphes 31 et 12 du dit article, il est statué par décret sur les propositions des Ministres de l'Intérieur et des Cultes. On pourrait remplacer le décret par un arrêté préfectoral pris après avis de l'Évêque. En cas de désaccord entre le Préfet et l'Évêque, il serait statué par décret.

ARTICLE 137. — Le décret du Président de la République qui autorise l'établissement de taxes d'octroi par les Conseils municipaux ainsi que les règlements relatifs à leur perception, de même que tous les décrets qui interviennent en matière d'octroi pourraient être pris en dehors du Conseil d'État pour les motifs précédemment exposés. Il suffirait que le Ministre de l'Intérieur chargé de l'élaboration des décrets se renfermât dans les règles, usages, et dispositions légales en matière d'établissement de taxes de cette nature. Les recours établis par la loi seraient naturellement maintenus. Il y aurait lieu de supprimer également dans la législation relative à l'octroi l'avis du Conseil général et de la Commission départementale. Pourquoi en effet ajouter cette tutelle à la tutelle administrative qui pèse déjà sur les Communes et qu'on trouve trop lourde?

ARTICLE 138. — Les délibérations des Conseils municipaux concernant la suppression ou la diminution des taxes d'octroi n'auraient plus besoin d'être approuvées par le Préfet.

ARTICLE 140. — Les taxes particulières dues par les habitants ou propriétaires conformément aux lois et aux usages locaux pourraient être réparties également par délibération du Conseil municipal en vertu d'un tarif maximum établi par le Préfet. Les délibérations deviendraient exécutoires par elles-mêmes et une autorisation ne serait plus nécessaire.

ARTICLE 141. — Il y aurait lieu d'étendre à la limite de vingt centimes les contributions extraordinaires dont le maximum est fixé à cinq centimes pendant cinq années et que les Communes peuvent voter sans autorisation. En fixant un délai de cinq ans qui pourrait être renouvelé à l'expiration de chaque période on éviterait les abus que pourrait entraîner une trop grande prodigalité des deniers communaux. Les Conseils municipaux voteraient et réglementeraient également sans autorisation les emprunts communaux remboursables sur les centimes extraordinaires votés comme il vient d'être dit ou sur les ressources ordinaires quand l'amortissement en ce dernier cas ne dépasserait pas trente ans. Il serait stipulé que les centimes extraordinaires que les Communes peuvent voter en vertu de lois spéciales ne se confondraient pas avec ces vingt centimes extraordinaires.

ARTICLE 142. — Les contributions extraordinaires qui dépasseraient le maximum de vingt centimes ou dont la durée excédant cinq ans ne serait pas supérieure à trente ans seraient autorisées par le Préfet. Il en serait de même des emprunts remboursables sur les mêmes contributions extraordinaires ou sur les revenus ordinaires dans un délai excédant trente ans.

ARTICLE 143. — Toute contribution extraordinaire dont la durée serait supérieure à trente ans et tout emprunt remboursable sur ces contributions et dépassant également trente ans seraient autorisés par décret sans qu'il soit nécessaire de rendre le décret en Conseil d'État, ainsi que cette formalité est actuellement exigée.

De même un décret pourrait remplacer la loi si la somme à emprunter dépassait un million ou si réunie aux chiffres d'autres emprunts non encore remboursés elle dépassait ce million.

SECTION II. — Vote et règlement du budget.

ARTICLE 145. — Le Préfet pourrait dans un certain délai apporter ou faire apporter aux budgets toutes les modifications prescrites par les lois et règlements d'administration publique. Il y aurait là une grande simplification apportée à la législation communale puisqu'en principe les budgets seraient exécutoires par eux-mêmes sans autorisation. L'intervention du Préfet n'existerait que pour faire respecter la loi si elle était violée par le Conseil municipal dans l'élaboration du budget. Si le budget pourvoyait à toutes les dépenses obligatoires et s'il n'appliquait aucune recette extraordinaire dépassant le maximum de vingt centimes extraordinaires aux dépenses, soit obligatoires, soit facultatives, ordinaires ou extraordinaires, les allocations portées audit budget pour des dépenses facultatives ne pourraient être modifiées par l'autorité supérieure. La loi actuelle donne bien cette liberté aux Communes, mais seulement quand elles ne font pas usage, pour leurs dépenses facultatives, de recettes extraordinaires.

ARTICLES 146 et 147. — Il y aurait lieu de tenir compte de cette rectification à la loi municipale dans la rédaction des articles 146 et 147 en ce qui concerne le vote de crédits après le vote du budget et pour les dépenses imprévues.

ARTICLE 147. — La somme inscrite pour les dépenses imprévues pourrait être réduite ou rejetée après que le Conseil municipal aurait fait face aux dépenses obligatoires et si le maximum de vingt centimes extraordinaires était dépassé tandis que d'après le régime de la loi actuelle, cette somme peut être réduite ou rejetée si le Conseil municipal y affecte un crédit extraordinaire.

ARTICLE 148. — Le Président de la République qui règle le budget des Villes dont le revenu est de trois millions de francs, et le Préfet en ce qui concerne les budgets des autres

Communes, pourraient rejeter ou réduire les dépenses qui y seraient portées, sauf dans le cas où les budgets, conformément aux articles 145 et 147 ne dépasseraient pas, après avoir fait face aux dépenses obligatoires, le maximum de vingt centimes extraordinaires. Mais ils ne pourraient, comme dans la législation actuelle, augmenter les dépenses, ni en introduire de nouvelles qu'autant qu'elles seraient obligatoires.

ATICLE 149. — Il y aurait lieu de supprimer pour les motifs déjà indiqués l'intervention du Conseil de Préfecture dans l'arrêté que le Préfet doit prendre pour inscrire d'office au budget en cas de refus du Conseil municipal, les sommes nécessaires à l'acquittement des dépenses obligatoires. Dans le cas où la contribution extraordinaire à établir d'office excéderait le maximum de vingt centimes extraordinaires elle pourrait être encore établie par un arrêté préfectoral au lieu d'un décret ou d'une loi comme le prescrit actuellement l'article 149. — Il s'agit ici en effet d'une simple mesure administrative destinée à assurer, en cas de refus de la Commune, l'acquittement de dépenses obligatoires. L'intervention d'un arrêté préfectoral est suffisant. Si on maintenait la nécessité de l'approbation par décret pour les budgets des Communes dont le revenu est de trois millions, il faudrait maintenir également comme obligatoire pour ces Communes la nécessité du décret pour l'allocation des crédits et ressources extraordinaires devant faire face aux dépenses obligatoires.

ARTICLE 150. — Dans le cas où il n'y aurait aucun budget de voté et où le budget d'une Commune n'aurait pas été voté avant le commencement de l'exercice, ce budget serait établi par arrêté préfectoral pris en dehors du Conseil de Préfecture dans le premier cas et dans le second cas les recettes et les dépenses ordinaires continueraient à être faites jusqu'au vote du budget conformément au budget de l'année précédente.

CHAPITRE IV. — *De la comptabilité des Communes.*

ARTICLE 151. — Le Préfet n'approuverait plus les comptes du Maire qui devraient seulement lui être transmis pour qu'il puisse au besoin y faire apporter les modifications nécessaires s'ils étaient irrégulièrement établis.

ARTICLE 152. — Il conviendrait également de supprimer l'intervention du Conseil de Préfecture quand le Préfet prendrait un arrêté tenant lieu de mandat du Maire, dans le cas où celui-ci refuserait d'ordonnance une dépense régulièrement autorisée et liquidée.

ARTICLE 154. — Cet article prescrit le visa du Préfet ou du Sous-Préfet pour rendre exécutoires les états de recettes municipales dressés par le Maire. Cette formalité qui retarde la perception des recettes municipales et qui nécessite un envoi fréquent de pièces paraît inutile et semble devoir être supprimée. Le contrôle du Receveur municipal serait suffisant. Il conviendrait à cet égard d'affirmer dans l'article 156 relatif au rôle du Receveur municipal sa responsabilité en ce qui concerne la légalité et la régularité du recouvrement des recettes et du paiement des dépenses communales.

TITRE V

DES BIENS ET DROITS INDIVIS ENTRE PLUSIEURS COMMUNES

ARTICLE 161. — Un arrêté du Préfet pourrait remplacer la formalité du décret lorsque plusieurs Communes possèdent des biens ou des droits indivis et que l'une d'elles réclame la constitution d'une commission syndicale composée de délégués des Conseils municipaux des Communes intéressées. Un décret ne serait nécessaire que si les Communes appartenaient à des départements différents. De même, les délibérations des Conseils municipaux appartenant à des départements différents seraient approuvées, s'il y avait lieu, par les Préfets des Départements intéressés et en cas de désaccord par décret.

ARTICLE 163. — Les délibérations des Conseils municipaux des Communes intéressées ne seraient approuvées par le Préfet ou par décret que dans les cas prévus à la présente loi. En cas de désaccord entre les Conseils municipaux, le Préfet prononcerait sans que le Conseil général et la Commission départementale soient appelés à donner leur avis. Si les Conseils municipaux appartenaient à des départements différents, il continuerait à être statué par décret, mais seulement dans le cas où il y aurait désaccord entre les Préfets des départements intéressés.

LOI DU 5 AVRIL 1884

sur

L'ORGANISATION MUNICIPALE

TITRE PREMIER

DES COMMUNES

ARTICLE PREMIER. — Le corps municipal de chaque Commune se compose du Conseil municipal, du Maire et d'un ou de plusieurs adjoints.

ART. 2. — Le changement de nom d'une Commune est décidé par décret du Président de la République, sur la demande du Conseil municipal, le Conseil général consulté et le Conseil d'État entendu.

ART. 2. — Le changement de nom d'une Commune est décidé par décret du Président de la République, sur la demande du Conseil municipal le Conseil général consulté.

ART. 3. — Toutes les fois qu'il s'agit de transférer le chef-lieu d'une Commune, de réunir plusieurs Communes en une seule, ou de distraire une section d'une Commune, soit pour la réunir à une autre, soit pour l'ériger en Commune séparée,

ART. 3. — Toutes les fois qu'il s'agit de transférer le chef-lieu d'une Commune, de réunir plusieurs Communes en une seule, ou de distraire une section d'une Commune, soit pour le réunir à une autre, soit pour l'ériger en Commune séparée, le

(1) Tous les articles de la loi du 5 avril 1884 qui n'ont pas été l'objet de modifications dans ce texte sont maintenus dans le nouveau projet de loi.

le Préfet prescrit dans les Communes intéressées une enquête sur le projet en lui-même et sur ses conditions.

Le Préfet devra ordonner cette enquête lorsqu'il aura été saisi d'une demande à cet effet, soit par le Conseil municipal de l'une des Communes intéressées, soit par le tiers des électeurs inscrits de la Commune ou de la section en question. Il pourra aussi l'ordonner d'office.

Après cette enquête, les Conseils municipaux et les Conseils d'arrondissement donnent leur avis, et la proposition est soumise au Conseil général.

ART. 4. — Si le projet concerne une section de Commune, un arrêté du Préfet décidera la création d'une commission syndicale pour cette section, pour la section, du chef-lieu, si les représentants de la première sont en majorité dans le Conseil municipal, et déterminera le nombre des membres de cette commission.

Ils seront élus par les électeurs domiciliés dans la section.

La commission nomme son président. Elle donne son avis sur le projet.

ART. 5. — Il ne peut être procédé à l'érection d'une Com-

Préfet prescrit dans les Communes intéressées une enquête sur le projet en lui-même et sur ses conditions.

Le Préfet devra ordonner cette enquête lorsqu'il aura été saisi d'une demande à cet effet, soit par le Conseil municipal de l'une des Communes intéressées, soit par le tiers des électeurs inscrits de la Commune ou de la section en question. Il pourra aussi l'ordonner d'office.

Après cette enquête, les Conseils municipaux donnent leur avis, et la proposition est soumise au Conseil général.

ART. 5. — Il ne peut être procédé à l'érection d'une Com-

mune nouvelle qu'en vertu d'une loi, après avis du Conseil général et le Conseil d'État entendu.

ART. 6. — Les autres modifications à la circonscription territoriale des Communes, les suppressions et les réunions de deux ou de plusieurs communes, la désignation des nouveaux chefs-lieux sont réglés de la manière suivante :

Si les changements proposés modifient la circonscription du département, d'un arrondissement ou d'un canton, il est statué par une loi, les Conseils généraux et le Conseil d'État entendus.

Dans tous les autres cas, il est statué par un décret rendu en Conseil d'État, les Conseils généraux entendus.

Néanmoins, le Conseil général statue définitivement s'il approuve le projet, lorsque les Communes ou sections sont situées dans le même canton et que la modification projetée réunit, quant au fond et quant aux conditions de la réalisation, l'adhésion des Conseils municipaux et des commissions syndicales intéressés.

ART. 7. — La Commune réunie à une autre Commune

---

mune nouvelle qu'en vertu d'un décret après avis du Conseil général.

ART. 6. — *Les autres modifications à la circonscription territoriale des Communes, les suppressions et les réunions de deux ou plusieurs Communes, la désignation des nouveaux chefs-lieux sont réglés de la manière suivante :*

Si les changements proposés modifient la circonscription du département, d'un arrondissement ou d'un canton, il est statué par un décret, les Conseils généraux entendus.

Dans tous les autres cas, il est statué par un arrêté préfectoral, le Conseil général entendu.

Néanmoins, le Conseil général statue définitivement s'il approuve le projet, lorsque les Communes ou sections sont situées dans le même canton et que la modification projetée réunit quant au fond et quant aux conditions de la réalisation, l'adhésion des Conseils municipaux et des commissions syndicales intéressées.

conserve la propriété des biens
qui lui appartenaient.

Les habitants de cette Commune conservent la jouissance
de ceux de ces mêmes biens
dont les fruits sont perçus en
nature.

Il en est de même de la section réunie à une autre Commune pour les biens qui lui
appartenaient exclusivement.

Les édifices et autres immeubles servant à un usage public
et situés sur le territoire de la
Commune ou de la section de
Commune réunie à une autre
Commune, ou de la section érigée en Commune séparée, deviennent la propriété de la Commune à laquelle est faite la
réunion ou de la nouvelle Commune.

Les actes qui prononcent des
réunions ou des distractions de
Communes en déterminent ex-
pressément toutes les autres
conditions.

En cas de division, la Commune ou la section de Commune
réunie à une autre Commune ou
érigée en Commune séparée re-
prend la pleine propriété de tous
les biens qu'elle avait apportés.

ART. 8. — Les dénomina-
tions nouvelles qui résultent,
soit d'un changement de chef-
lieu, soit de la création d'une
Commune nouvelle, sont fixées

par les autorités compétentes
pour prendre ces décisions.

Art. 9. — Dans tous les cas
de réunion ou de fractionne-
ment de Communes, les Conseils
municipaux sont dissous de
plein droit. Il est procédé immédiatement à des élections
nouvelles.

TITRE II

DES CONSEILS MUNICIPAUX

CHAPITRE PREMIER. — *Formation des Conseils municipaux*

Art. 10. — Le Conseil municipal se compose de 10 membres dans les Communes de 500 habitants et au-dessous.

		Habitants.	
De 10 dans celles de		501 à	1.500
De 16	—	1.501	2.500
De 21	—	2.501	3.500
De 23	—	3.501	10.000
De 27	—	10.001	30.000
De 30	—	30.001	40.000
De 32	—	40.001	50.000
De 34	—	50.001	60.000
De 36	—	60.001 et au-dess.	

Dans les villes divisées en plusieurs mairies, le nombre des conseillers sera augmenté de trois par mairie.

Art. 11. — L'élection des membres du Conseil municipal a lieu au scrutin de liste pour toute la commune.

Néanmoins, la Commune peut être divisée en sections électorales, dont chacune élit un nombre de conseillers proportionné au chiffre des électeurs inscrits, mais seulement dans les deux cas suivants :

1° Quand elle se compose de plusieurs agglomérations d'ha-

bitants distinctes et séparées ;
dans ce cas, aucune section ne
peut avoir moins de deux conseillers à élire ;

2° Quand la population agglo-
mérée de la Commune est supérieure à 10,000 habitants.
Dans ce cas, la section ne peut
être formée de fractions de territoire appartenant à des can-
tons ou à des arrondissements
municipaux différents. Les fractions de territoire ayant des
biens propres ne peuvent être
divisées entre plusieurs sections électorales.

Aucune de ces sections ne
peut avoir moins de quatre conseillers à élire.

Dans tous les cas où le sectionnement est autorisé, chaque
section doit être composée de
territoires contigus.

Art. 12. — Le sectionne-
ment est fait par le Conseil général, sur l'initiative soit d'un
de ses membres, soit du Préfet, soit du Conseil municipal
ou d'électeurs de la Commune
intéressée.

Aucune décision en matière
de sectionnement ne peut être
prise qu'après avoir été demandée avant la session d'avril
ou au cours de cette session
au plus tard. Dans l'intervalle
entre la session d'avril et la
session d'août, une enquête

est ouverte à la mairie de la Commune intéressée, et le Conseil municipal est consulté par les soins du Préfet.

Chaque année, ces formalités étant observées, le Conseil général, dans sa session d'août, prononce sur les projets dont il est saisi. Les sectionnements ainsi opérés subsistent jusqu'à une nouvelle décision. Le tableau de ces opérations est dressé chaque année par le Conseil général dans sa session d'août. Ce tableau sert pour les élections intégrales à faire dans l'année.

Il est publié dans les Communes intéressées, avant la convocation des électeurs, par les soins du Préfet, qui détermine, d'après le chiffre des électeurs inscrits dans chaque section, le nombre des conseillers que la loi lui attribue.

Le sectionnement, adopté par le Conseil général, sera représenté par un plan déposé à la Préfecture et à la mairie de la Commune intéressée. Tout électeur pourra le consulter et en prendre copie.

Avis de ce dernier dépôt sera donné aux intéressés par voie d'affiche à la porte de la mairie.

Dans les colonies régies par la présente loi, toute demande ou proposition de sectionnement doit-être faite trois mois au moins avant l'ouverture de la session ordinaire du Conseil général. Elle est instruite, par les soins du directeur de l'inté- rieur, dans les formes indiquées ci-dessus.

Les demandes et proposi- tions, délibérations de conseils municipaux et procès-verbaux d'enquête sont remis au Con- seil général à l'ouverture de la session.

ART. 13. — Le Préfet peut, par arrêté spécial publié dix jours au moins à l'avance, di- viser la Commune en plusieurs bureaux de vote qui concour- ront à l'élection des mêmes con- seillers.

Il sera délivré à chaque élec- teur une carte électorale. Cette carte indiquera le lieu où doit siéger le bureau où il devra voter.

ART. 13. — *Le Préfet dans l'arrondissement, chef-lieu ou le Sous-Préfet, par arrêté spécial etc...*

Il sera délivré, etc...

ART. 14. — Les Conseillers municipaux sont élus par le suffrage direct universel.

Sont électeurs tous les Fran- çais âgés de vingt et un ans accomplis et n'étant dans aucun cas d'incapacité prévu par la loi.

La liste électorale comprend : 1° tous les électeurs qui ont leur domicile réel dans la Com- mune ou y habitent depuis six

mois au moins; 2° ceux qui y
auront été inscrits au rôle d'une
des quatre contributions directes ou au rôle des prestations en nature, et, s'ils ne résident pas dans la Commune,
auront déclaré vouloir y exercer leurs droits électoraux.

Seront également inscrits,
aux termes du présent paragraphe, les membres de la
famille des mêmes électeurs
compris dans la cote de la pres-
tation en nature, alors même
qu'ils n'y sont pas personnel-
lement portés, et les habitants
qui, en raison de leur âge ou
de leur santé, auront cessé
d'être soumis à cet impôt;
3° ceux qui, en vertu de l'article 2 du traité du 10 mai 1871,
ont opté pour la nationalité
française et déclaré fixer leur
résidence dans la commune,
conformément à la loi du 19
juin 1871; 4° ceux qui sont
assujettis à une résidence obligatoire dans la Commune en
qualité soit de Ministres des
cultes reconnus par l'État, soit
de fonctionnaires publics.

Seront également inscrits les
citoyens qui, ne remplissant
pas les conditions d'âge et de
résidence ci-dessus indiquées
lors de la formation des listes,
les rempliront avant la clôture
définitive.

L'absence de la Commune

résultant du service militaire
ne portera aucune atteinte aux
règles ci-dessus édictées pour
l'inscription sur les listes électorales.

Les dispositions concernant
l'affichage, la libre distribution
des bulletins, circulaires et
professions de foi, les réunions
publiques électorales, la communication des listes d'émar-
gement, les pénalités et poursuites en matière législative,
sont applicables aux élections
municipales.

Sont également applicables
aux élections municipales les
paragraphes 3 et 4 de l'article
3 de la loi organique du 30
novembre 1875 sur les élections des députés.

ART. 15. — L'assemblée des
électeurs est convoquée par
arrêté du Préfet.

L'arrêté de convocation est
publié dans la Commune, quinze
jours au moins avant l'élection,
qui doit toujours avoir lieu un
dimanche. Il fixe le local où le
scrutin sera ouvert, ainsi que
les heures auxquelles il doit
être ouvert et fermé.

ART. 16. — Lorsqu'il y aura
lieu de remplacer des Conseillers municipaux élus par des

ART. 15. — *L'assemblée des
électeurs est convoquée par arrêté du Préfet, dans l'arrondissement, chef-lieu, ou du Sous-
Préfet.*

L'arrêté de convocation, etc...

sections, conformément à l'article 11 de la présente loi, ces remplacements seront faits par les sections auxquelles appartiennent ces conseillers.

ART. 17. — Les bureaux de vote sont présidés par le Maire, les adjoints, les conseillers municipaux, dans l'ordre du tableau, et, en cas d'empêchement, par des électeurs désignés par le Maire.

ART. 18. — Le président a seul la police de l'assemblée. Cette assemblée ne peut s'occuper d'autres objets que de l'élection qui lui est attribuée. Toute discussion, toute délibération lui sont interdites.

ART. 19. — Les deux plus âgés et les deux plus jeunes des électeurs présents à l'ouverture de la séance, sachant lire et écrire, remplissent les fonctions d'assesseurs. Le secrétaire est désigné par les assesseurs. Dans les délibérations du bureau, il n'a que voix consultative. Trois membres du bureau, au moins, doivent être présents pendant tout le cours des opérations.

ART. 20. — Le scrutin ne dure qu'un jour.

ART. 21. — Le bureau juge provisoirement les difficultés qui s'élèvent sur les opérations de l'assemblée. Ses décisions sont motivées.

Toutes les réclamations et décisions sont insérées au procès-verbal ; les pièces et les bulletins qui s'y rapportent y sont annexés, après avoir été paraphés par le bureau.

ART. 22. — Pendant toute la durée des opérations, une copie de la liste des électeurs, certifiée par le Maire, contenant les nom, domicile, qualification de chacun des inscrits, reste déposée sur la table autour de laquelle siège le bureau.

ART. 23. — Nul ne peut être admis à voter s'il n'est inscrit sur cette liste.

Toutefois, seront admis à voter, quoique non inscrits, les électeurs porteurs d'une décision du juge de paix ordonnant leur inscription, ou d'un arrêt de la Cour de cassation annulant un jugement qui aurait prononcé leur radiation.

ART. 24. — Nul électeur ne peut entrer dans l'assemblée porteur d'armes quelconques.

ART. 25. — Les électeurs

apportent leurs bulletins pré-
parés en dehors de l'assemblée.

Le papier du bulletin doit
être blanc et sans signe exté-
rieur.

L'électeur remet au président
son bulletin fermé.

Le président le dépose dans
la boîte du scrutin, laquelle
doit, avant le commencement
du vote, avoir été fermée à deux
serrures, dont les clefs restent,
l'une entre les mains du président, l'autre entre les mains de
l'assesseur le plus âgé.

Le vote de chaque électeur
est constaté sur la liste, en
marge de son nom, par la signa-
ture, ou le paraphe avec
initiales, de l'un des membres
du bureau.

Art. 26. — Le président doit
constater, au commencement
de l'opération, l'heure à laquelle le scrutin est ouvert.

Le scrutin ne peut être
fermé qu'après avoir été ouvert pendant six heures au
moins.

Le président constate l'heure
à laquelle il déclare le scrutin clos ; après cette déclaration, aucun vote ne peut-être
reçu.

Art. 27. — Après la clôture
du scrutin, il est procédé au

dépouillement de la manière suivante :

La boîte du scrutin est ouverte, et le nombre de bulletins vérifié.

Si ce nombre est plus grand ou moindre que celui des votants, il en est fait mention au procès-verbal.

Le bureau désigne parmi les électeurs présents un certain nombre de scrutateurs.

Le président et les membres du bureau surveillent l'opération du dépouillement.

Ils peuvent y procéder eux-mêmes, s'il y a moins de 300 votants.

Art. 28. — Les bulletins sont valables bien qu'ils portent plus ou moins de noms qu'il n'y a de conseillers à élire.

Les derniers noms inscrits au delà de ce nombre ne sont pas comptés.

Les bulletins blancs ou illisibles, ceux qui ne contiennent pas une désignation suffisante, ou dans lesquels les votants se font connaître, n'entrent pas en compte dans le résultat du dépouillement, mais ils sont annexés au procès-verbal.

Art. 29. — Immédiatement après le dépouillement, le Président proclame le résultat du scrutin.

Le procès-verbal des opérations est dressé par le secrétaire; il est signalé par lui et les autres membres du bureau. Une copie, également signée du secrétaire et des membres du bureau, en est aussitôt envoyée, par l'intermédiaire du Sous-Préfet, au Préfet, qui en constate la réception sur un registre et donne récépissé. Extrait en est immédiatement affiché par les soins du Maire.

Les bulletins autres que ceux qui doivent être annexés au procès-verbal sont brûlés en présence des électeurs.

Art. 30. — Nul n'est élu au premier tour de scrutin s'il n'a réuni : 1º la majorité absolue des suffrages exprimés ; 2º un nombre de suffrages égal au quart de celui des électeurs inscrits. Au deuxième tour de scrutin, l'élection a lieu à la majorité relative, quel que soit le nombre des votants. Si plusieurs candidats obtiennent le même nombre de suffrages, l'élection est acquise au plus âgé.

En cas de deuxième tour de scrutin, l'assemblée est de droit convoquée pour le dimanche suivant. Le Maire fait les publications nécessaires.

Art. 31. — Sont éligibles

au Conseil municipal, sauf les restrictions portées au dernier paragraphe du présent article et aux deux articles suivants, tous les électeurs de la Commune et les citoyens inscrits au rôle des contributions directes ou justifiant qu'ils devaient y être inscrits au 1er janvier de l'année de l'élection, âgés de vingt-cinq ans accomplis.

Toutefois, le nombre des conseillers qui ne résident pas dans la Commune au moment de l'élection ne peut excéder le quart des membres du Conseil. S'il dépasse ce chiffre, la préférence est déterminée suivant les règles posées à l'article 49.

Ne sont pas éligibles, les militaires et employés des armées de terre et de mer en activité de service.

ART. 32. — Ne peuvent être Conseillers municipaux :

1º Les individus privés du droit électoral ;

2º Ceux qui sont pourvus d'un conseil judiciaire ;

6º Ceux qui sont dispensés de subvenir aux charges communales et ceux qui sont secourus par les bureaux de bienfaisance ;

4º Les domestiques attachés exclusivement à la personne.

ART. 33. — Ne sont pas éli-

gibles dans le ressort où ils
exercent leurs fonctions :

1º Les Préfets, Sous-Préfets,
Secrétaires-généraux, Conseillers de préfecture ; et dans les
colonies régies par la présente
loi, les gouverneurs, directeurs
de l'intérieur et les membres
du Conseil privé ;

2º Les commissaires et les
agents de police ;

3º Les magistrats des Cours
d'appel et des tribunaux de première instance, à l'exception
des juges suppléants auxquels
l'instruction n'est pas confiée ;

4º Les juges de paix titulaires ;

5º Les comptables des de-
niers communaux et les entre-
preneurs de services municipaux ;

6º Les instituteurs publics ;

7º Les employés de Préfecture et de Sous-Préfecture ;

8º Les ingénieurs et les con-
ducteurs des ponts et chaussées,
chargés du service de la voirie
urbaine et vicinale, et les agents
voyers ;

9º Les Ministres en exercice
d'un culte légalement reconnu ;

10º Les agents salariés de la
Commune, parmi lesquels ne
sont pas compris ceux qui, étant
fonctionnaires publics ou exer-
çant une profession indépendante, ne reçoivent une indemnité de la Commune qu'à

raison des services qu'ils lui rendent dans l'exercice de cette profession.

ART. 34. — Les fonctions de Conseiller municipal sont incompatibles avec celles :

1° De Préfet, de Sous-Préfet et Secrétaire général de Préfecture ;

2° De commissaire et d'agent de police ;

3° De gouverneur, directeur de l'intérieur et de membre du Conseil privé dans les colonies.

Les fonctionnaires désignés au présent article qui seraient élus membres du Conseil municipal auront, à partir de la proclamation du résultat du scrutin, un délai de dix jours pour opter entre l'acceptation du mandat et la conservation de leur emploi. A défaut de déclaration adressée dans ce délai à leurs supérieurs hiérarchiques, ils seront réputés avoir opté pour la conservation dudit emploi.

ART. 35. — Nul ne peut être membre de plusieurs Conseils municipaux.

Un délai de dix jours, à partir de la proclamation du résultat du scrutin, est accordé au Conseiller municipal nommé dans plusieurs Communes pour

ART. 35. — *Nul ne peut être membre de plusieurs Conseils municipaux.*

Un délai de dix jours, à partir de la proclamation du résultat du scrutin, est accordé au Conseiller municipal, nommé dans plusieurs communes pour

4

faire sa déclaration d'option. Cette déclaration est adressée aux Préfets des départements intéressés.

Si, dans ce délai, le Conseiller élu n'a pas fait connaître son option, il fait partie de droit du Conseil de la Commune où le nombre des électeurs est le moins élevé.

Dans les Communes de 501 habitants et au-dessus, les ascendants et les descendants, les frères et les alliés au même degré ne peuvent être simultanément membres du même Conseil municipal.

L'article 49 est applicable au cas prévu par le paragraphe précédent.

ART. 36. — Tout Conseiller municipal qui, pour une cause survenue postérieurement à sa nomination, se trouve dans un des cas d'exclusion ou d'incompatibilité prévus par la présente loi, est immédiatement déclaré démissionnaire par le Préfet, sauf réclamation au Conseil de Préfecture dans les dix jours de la notification, et sauf recours au Conseil d'État, conformément aux articles 38, 39 et 40 ci-après.

ART. 37. — Tout électeur et tout éligible a le droit d'arguer

faire sa déclaration d'option. Cette déclaration est adressée aux Préfets dans l'arrondissement chef-lieu ou aux Sous-Préfets des départements intéressés. Si, dans ce délai, etc...

Dans les Communes, etc...

L'article 49, etc...

ART. 36. — Tout Conseiller municipal qui, pour une cause survenue postérieurement à sa nomination, se trouve dans un des cas d'exclusion ou d'incompatibilité prévus par la présente loi, est immédiatement déclaré démissionnaire par le Préfet dans l'arrondissement chef-lieu ou le Sous-Préfet, sauf, etc...

de nullité les opérations électorales de la Commune.

Les réclamations doivent être consignées au procès-verbal, sinon être déposées, à peine de nullité, dans les cinq jours qui suivent le jour de l'élection, au secrétariat de la mairie, ou à la Sous-Préfecture, ou à la Préfecture. Elles sont immédiatement adressées au Préfet, et enregistrées par ses soins au greffe du Conseil de Préfecture.

Le Préfet, s'il estime que les conditions et les formes légalement prescrites n'ont pas été remplies, peut également, dans le délai de quinzaine à dater de la réception du procès-verbal, déférer les opérations électorales au Conseil de Préfecture.

Dans l'un et l'autre cas, le Préfet donne immédiatement connaissance de la réclamation, par la voie administrative, aux conseillers dont l'élection est contestée, les prévenant qu'ils ont cinq jours, pour tout délai, à l'effet de déposer leurs défenses au secrétariat de la mairie, de la Sous-Préfecture et de la Préfecture, et de faire connaître s'ils entendent user du droit de présenter des observations orales.

Il est donné récépissé, soit des réclamations, soit des défenses.

ART. 38. — Le Conseil de Préfecture statue, sauf recours au Conseil d'État.

Il prononce sa décision dans le délai d'un mois à compter de l'enregistrement des pièces au greffe de la Préfecture, et le Préfet la fait notifier dans la huitaine de sa date. En cas de renouvellement général, le délai est porté à deux mois.

S'il intervient une décision ordonnant une preuve, le Conseil de Préfecture doit statuer définitivement dans le mois à partir de cette décision.

Les délais ci-dessus fixés ne commencent à courir, dans le cas prévu à l'article 39, que du jour où le jugement sur la question préjudicielle est devenu définitif.

Faute par le Conseil d'avoir statué dans les délais ci-dessus fixés, la réclamation est considérée comme rejetée. Le Conseil de Préfecture est dessaisi ; le Préfet en informe la partie intéressée, qui peut porter sa réclamation devant le Conseil d'État. Le recours est notifié dans les cinq jours au secrétariat de la Préfecture par le requérant.

ART. 39. — Dans tous les cas où une réclamation, formée en vertu de la présente loi, implique la solution préjudi-

cielle d'une question d'État, le
Conseil de Préfecture renvoie
les parties à se pourvoir devant
les juges compétents, et la partie
doit justifier de ses diligences
dans le délai de quinzaine ; à
défaut de cette justification, il
sera passé outre, et la décision
du Conseil de Préfecture devra
intervenir dans le mois à partir
de l'expiration de ce délai de
quinzaine.

ART. 40. —Le recours au
Conseil d'État contre la décision du Conseil de Préfecture
est ouvert soit au Préfet, soit
aux parties intéressées.

Il doit, à peine de nullité,
être déposé au secrétariat de la
Sous-Préfecture ou de la Préfecture, dans le délai d'un mois
qui court, à l'encontre du Préfet, à partir de la décision, et à
l'encontre des parties à partir
de la notification qui leur est
faite.

Le Préfet donne immédiatement, par la voie administrative, connaissance du recours
aux parties intéressées, en les
prévenant qu'elles ont quinze
jours, pour tout délai, à l'effet
de déposer leurs défenses au
secrétariat de la Sous-Préfecture ou de la Préfecture.

Aussitôt ce nouveau délai
expiré, le Préfet transmet au
Ministre de l'Intérieur, qui les

adresse au Conseil d'État, le recours, les défenses, s'il y a lieu, le procès-verbal des opérations électorales, la liste qui a servi aux émargements, une expédition de l'arrêté attaqué et toutes les autres pièces visées dans ledit arrêté : il y joint son avis motivé.

Les délais pour la constitution d'un avocat et pour la communication au Ministre de l'Intérieur sont d'un mois pour chacune de ces opérations, et de trois mois en ce qui concerne les colonies.

Le pourvoi est jugé comme affaire urgente et sans frais, et dispensé du timbre et du ministère de l'avocat.

Les Conseillers municipaux proclamés restent en fonctions jusqu'à ce qu'il ait été définitivement statué sur les réclamations.

Dans le cas où l'annulation de tout ou partie des élections est devenue définitive, l'assemblée des électeurs est convoquée dans un délai qui ne peut excéder deux mois.

Art. 41. — Les Conseillers municipaux sont nommés pour quatre ans. Ils sont renouvelés intégralement, le premier dimanche de mai, dans toute la France, lors même qu'ils ont été élus dans l'intervalle.

ART. 42. — Lorsque le Conseil municipal se trouve, par l'effet des vacances survenues, réduit aux trois quarts de ses membres, il est, dans le délai de deux mois, à dater de la dernière vacance, procédé à des élections supplémentaires.

Toutefois, dans les six mois qui précèdent le renouvellement intégral, les élections complémentaires ne sont obligatoires qu'au cas où le Conseil municipal aurait perdu plus de la moitié de ses membres.

Dans les Communes divisées en sections, il y a toujours lieu à faire des élections partielles, quand la section a perdu la moitié de ses conseillers.

ART. 42. — Lorsque le Conseil municipal se trouve, par l'effet des vacances survenues, réduit à la moitié de ses membres, il est, dans le délai de deux mois, à dater de la dernière vacance, procédé à des élections complémentaires.

Dans les six mois qui précèdent le renouvellement intégral, les élections complémentaires ne sont obligatoires qu'au cas où le Conseil municipal aurait perdu plus de la moitié de ses membres.

Dans les Communes divisées en sections, il y a toujours lieu à faire des élections partielles, quand la section a perdu la moitié de ses conseillers.

ART. 43. — Un Conseil municipal ne peut être dissous que par décret motivé du Président de la République, rendu en Conseil des Ministres et publié au *Journal officiel*, et, dans les colonies régies par la présente loi, par arrêté du Gouverneur en conseil privé, inséré au *Journal officiel de la colonie.*

S'il y a urgence, il peut être provisoirement suspendu par arrêté motivé du Préfet, qui doit en rendre compte immédiatement au Ministre de l'Intérieur. La durée de la suspension ne peut excéder un mois. Dans les colonies ci-dessus spécifiées, le Conseil municipal peut être suspendu par arrêté motivé du Gouverneur. La durée de suspension ne peut excéder un mois.

Le Gouverneur rend compte immédiatement de sa décision au Ministre de la marine et des colonies.

ART. 44. — En cas de dissolution d'un Conseil municipal ou de démission de tous ses membres en exercice, et lorsqu'un Conseil municipal ne peut être constitué, une délégation spéciale en remplit les fonctions.

Dans les huit jours qui suivent la démission ou l'acceptation de la démission, cette délégation spéciale est nommée par décret du Président de la République, et, dans les colonies par arrêté du gouverneur.

Le nombre des membres qui la composent est fixé à trois dans les Communes où la population ne dépasse pas 35,000 habitants. Ce nombre peut être porté jusqu'à sept dans les villes d'une population supérieure.

Le décret ou l'arrêté qui l'institue en nomme le président, et, au besoin, le vice-président.

Les pouvoirs de cette déléga-

ART. 44. — *En cas de dissolution d'un Conseil municipal ou de démission de tous ses membres en exercice, et lorsqu'un Conseil municipal ne peut être constitué, une délégation spéciale en remplit les fonctions.*

Il n'est pas nécessaire de recourir à la nomination d'une délégation spéciale quand un ou plusieurs membres de l'ancien Conseil municipal consentent à remplir provisoirement les fonctions de Maire et adjoint jusqu'à la constitution d'une nouvelle municipalité. Toutefois en cas de dissolution, il peut être procédé à la nomination d'une délégation spéciale, si le Gouvernement juge cette délégation nécessaire. Dans les huit jours qui suivent la démission ou l'acceptation de la démission, cette délégation spéciale est nommée par arrêté du Préfet dans l'arrondissement chef-lieu ou du Sous-Préfet et dans les colo-

tion spéciale sont limités aux actes de pure administration conservatoire et urgente. En aucun cas il ne lui est permis d'engager les finances municipales au delà des ressources disponibles de l'exercice courant. Elle ne peut ni préparer le budget communal, ni recevoir les comptes du Maire ou du receveur, ni modifier le personnel ou le régime de l'enseignement public.

ART. 45. — Toutes les fois que le Conseil municipal a été dissous, ou que, par application de l'article précédent, une délégation spéciale a été nommée, il est procédé à la réélection du Conseil municipal dans les deux mois, à dater de la dissolution ou de la dernière démission.

Les fonctions de la délégation spéciale expirent de plein droit dès que le Conseil municipal est reconstitué.

nies par arrêté du gouverneur.

Le nombre des membres qui la composent, etc...

L'arrêté qui l'institue, etc...

Les pouvoirs de cette délégation, etc...

CHAPITRE II. — *Fonctionnement des Conseils municipaux*

ART. 46. — Les Conseils municipaux se réunissent en session ordinaire quatre fois l'année : en février, mai, août et novembre.

La durée de chaque session est de quinze jours ; elle peut être prolongée avec l'autorisation du Sous-Préfet.

La session pendant laquelle le budget est discuté peut durer six semaines.

Pendant les sessions ordinaires, le Conseil municipal peut s'occuper de toutes les matières qui rentrent ~~dans ses attributions~~.

ART. 47. — Le Préfet ou le Sous-Préfet peut prescrire la convocation extraordinaire du Conseil municipal. Le Maire peut également réunir le Conseil municipal chaque fois qu'il le juge utile. Il est tenu de le convoquer quand une demande motivée lui en est faite par la majorité en exercice du Conseil municipal. Dans l'un et l'autre cas, en même temps qu'il convoque le Conseil, il donne avis au Préfet ou au Sous-Préfet de cette réunion et des motifs qui la rendent nécessaire.

La convocation contient alors l'indication des objets spéciaux et déterminés pour lesquels le Conseil doit s'assembler, et le Conseil ne peut s'occuper que de ces objets.

ART. 48 — Toute convocation est   e par le Maire. Elle est m ntionnée au registre des délibérations, affichée à la porte de la mairie et adressée par écrit et à domicile, trois

jours francs au moins avant celui
de la réunion.

En cas d'urgence, le délai
peut être abrégé par le Préfet
ou le Sous-Préfet.

ART. 49. — Les Conseillers
municipaux prennent rang dans
l'ordre du tableau.

L'ordre du tableau est déterminé, même quand il y a des
sections électorales : 1° par la
date la plus ancienne des nominations ; 2° entre conseillers
élus le même jour, par le plus
grand nombre des suffrages
obtenus ; 3° et, à égalité de
voix, par la priorité d'âge.

Un double du tableau reste
déposé dans les bureaux de la
mairie, de la Sous-Préfecture
et de la Préfecture, où chacun
peut en prendre communication
ou copie.

ART. 50. — Le Conseil municipal ne peut délibérer que
lorsque la majorité de ses
membres en exercice assiste à
la séance.

Quand, après deux convo-
cation successives, à trois jours
au moins d'intervalle et dûment
constatées, le Conseil municipal
ne s'est réuni en nombre suffisant, la délibération prise après
la troisième convocation est
valable, quel que soit le nombre des membres présents.

ART. 50. — *Le Conseil muni-*
cipal ne peut délibérer que lors-
que la majorité de ses membres
en exercice assiste à la séance.

Quand après une convocation
dûment constatée le Conseil mu-
nicipal est convoqué une seconde
fois, à trois jours au moins d'in-
tervalle, s'il ne se réunit pas en
nombre suffisant, la délibération
prise après cette deuxième con-
vocation est valable quel que soit
le nombre des membres présents.

ART. 51. — Les délibérations sont prises à la majorité absolue des votants. En cas de partage, sauf le cas de scrutin secret, la voix du président est prépondérante. Le vote a lieu au scrutin public sur la demande du quart des membres présents; les noms des votants, avec la désignation de leurs votes, sont insérés au procès-verbal.

Il est voté au scrutin secret toutes les fois que le tiers des membres présents le réclame, ou qu'il s'agit de procéder à une nomination ou présentation.

Dans ces derniers cas, après deux tours de scutin secret, si aucun des candidats n'a obtenu la majorité absolue, il est procédé à un troisième tour de scrutin, et l'élection a lieu à la majorité relative ; à égalité de voix, l'élection est acquise au plus âgé.

ART. 52. — Le Maire, et à défaut de celui qui le remplace, préside le Conseil municipal.

Dans les séances où les comptes d'administration du Maire sont débattus, le Conseil municipal élit son président.

Dans ce cas, le Maire peut, même quand il ne serait plus en fonction, assister à la discussion ; mais il doit se retirer au moment du vote. Le prési-

ART. 51. — *Les délibérations sont prises à la majorité absolue des votants. En cas de partage, même si le scrutin est secret, la voix du Président qu'il peut faire connaître, est prépondérante. Si le Président refuse de faire connaître son opinion, le scrutin redevient public de droit et la décision est prise à la majorité des votants.*

Il est voté, etc...

Dans ces derniers cas, etc...

dent adresse directement la délibération au Sous-Préfet.

ART. 53. — Au début de chaque session et pendant sa durée, le Conseil municipal nomme un ou plusieurs de ses membres pour remplir les fonctions de secrétaire.

Il peut leur adjoindre des auxiliaires pris en dehors de ses membres, qui assisteront aux séances, sans participer aux délibérations.

ART. 54. — Les séances des Conseils municipaux sont publiques. Néanmoins, sur la demande de trois membres ou du Maire, le Conseil municipal, par assis et levé, sans débat, décide s'il se fermera en comité secret.

ART. 55. — Le maire a seul la police de l'assemblée. Il peut faire expulser de l'auditoire ou arrêter tout individu qui trouble l'ordre. En cas de crime ou de délit, il en dresse un procès-verbal et le Procureur de la République en est immédiatement saisi.

ART. 56. — Le compte-rendu de la séance est, dans la huitaine, affiché par extrait à la porte de la mairie.

ART. 57. — Les délibérations sont inscrites par ordre de date sur un chiffre coté et paraphé par le Préfet ou le Sous-Préfet.

Elles sont signées par tous les membres présents à la séance, ou mention est faite de la cause qui les a empêchés de signer.

ART. 58. — Tout habitant ou contribuable a le droit de demander communication sans déplacement, de prendre copie totale ou partielle des procès-verbaux du Conseil municipal, des budgets et des comptes de la Commune, des arrêtés municipaux.

Chacun peut les publier sous sa responsabilité.

ART. 59. — Le Conseil municipal peut former au cours de chaque session, des commissions chargées d'étudier les questions soumises au Conseil soit par l'administration, soit par l'initiative d'un de ses membres.

Les Commissions peuvent tenir leurs séances dans l'intervalle des sessions.

Elles sont convoquées par le Maire, qui en est le président de droit, dans les huit jours qui suivent leur nomination, ou à plus bref délai sur la demande de la majorité des membres qui les composent. Dans cette première réunion les commissions désignent un vice-président qui peut les convoquer et les présider, si le Maire est absent ou empêché.

ART. 60. — Tout membre du Conseil municipal, qui, sans motifs reconnus légitimes par le Conseil, a manqué à trois convocations successives, peut être, après avoir été admis à fournir ses explications, déclaré démissionnaire par le Préfet, sauf recours dans les dix jours de la notification, devant le Conseil de préfecture.

Les démissions sont adressées au Sous-Préfet ; elles sont définitives à partir de l'accusé de réception par le Préfet et à défaut de cet accusé de réception un mois après un nouvel envoi de la démission constaté par lettre recommandée.

ART. 60. — *Tout membre du Conseil municipal qui, sans motifs reconnus légitimes par le Conseil a manqué à trois convocations successives peut être, après avoir été admis à fournir ses explications, déclaré démissionnaire par le Préfet dans l'arrondissement chef-lieu ou le Sous-Préfet, sauf recours dans les dix jours de la notification devant le Conseil de préfecture.*

Les démissions sont adressées au Préfet dans l'arrondissement chef-lieu ou au Sous-Préfet; elles sont définitives à partir de l'accusé de réception par le Préfet ou le Sous-Préfet et à défaut de cet accusé de réception, un mois après un nouvel envoi de la démission constaté par lettre recommandée.

CHAPITRE III. — *Attributions des Conseils municipaux.*

ART. 61. — Le Conseil municipal règle par ses délibérations les affaires de la Commune.

Il donne son avis toutes les fois que cet avis est requis par les lois et règlements, ou qu'il est demandé par l'administration supérieure.

Il réclame s'il y a lieu contre le contingent assigné à la Commune dans l'établissement des impôts de répartition.

Il émet des vœux sur tous les objets d'intérêt local.

Il dresse chaque année une liste contenant un nombre double de celui de répartiteurs et des répartiteurs suppléants à nommer ; et sur cette liste le Sous-Préfet nomme les cinq répartiteurs visés dans l'article 9 de la loi du 3 frimaire an VII et les cinq répartiteurs suppléants.

ART. 62. — Expédition de toute délibération est adressée dans la huitaine, par le Maire au Sous-Préfet, qui en constate la réception sur un registre et en délivre immédiatement récépissé.

ART. 63. — Sont nulles de plein droit :

1° Les délibérations d'un Conseil municipal portant sur un objet étranger à ses attributions ou prises hors de sa réunion légale ;

2° Les délibérations prises en violation d'une loi ou d'un règlement d'Administration publique.

ART. 63. — Sont nulles de plein droit :

1° Les délibérations d'un Conseil municipal portant sur un objet étranger à ses attributions ou prises hors de ses réunions légales ;

2° Les délibérations prises en violation d'une loi ou d'un règlement d'administration publique ;

3° Les délibérations aux-

quelles auraient pris part des membres du Conseil intéressés soit en leur nom personnel, soit comme mandataires à l'affaire qui en fait l'objet.

ART. 64. — Sont annulables les délibérations auxquelles auraient pris part des membres du Conseil intéressés, soit en leur nom personnel, soit comme mandataires, à l'affaire qui en a fait l'objet.

ART. 64. — La nullité des délibérations est déclarée par le Préfet dans un délai de deux mois à partir du dépôt du procès-verbal de la délibération à la Sous-Préfecture ou pour les communes de l'arrondissement chef-lieu, à la Préfecture. Le dépôt est constaté par un récépissé délivré au Maire.

ART. 65. — La nullité de droit est déclarée par le Préfet en Conseil de préfecture. Elle peut être prononcée par le Préfet et proposée ou opposée par les parties intéressées, à toute époque.

ART. 65. — Elle peut être proposée ou opposée par les parties intéressées ou par tout contribuable de la Commune ; dans ce dernier cas la demande en nullité doit être déposée à peine de déchéance à la Sous-Préfecture ou à la Préfecture dans un délai de quinze jours à partir de l'affichage à la porte de la Mairie.

Il en est donné récépissé.

ART. 66. — L'annulation est prononcée par le Préfet en Conseil de Préfecture.

Elle peut être prononcée d'office par le Préfet dans un délai de trente jours à partir du dépôt du procès-verbal de la délibé-

ART. 66. — Passé le délai de quinze jours sans qu'aucune demande n'ait été produite, le Préfet peut déclarer qu'il ne s'oppose pas à la délibération.

ration à la Sous-Préfecture ou à la Préfecture.

Elle peut aussi être demandée par toutes les personnes intéressées et par tout contribuable de la Commune.

Dans ce dernier cas la demande en annulation doit être déposée, à peine de déchéance à la Sous-Préfecture ou à la Préfecture, dans un délai de quinze jours à partir de l'affichage à la porte de la Mairie.

Il en est donné récépissé.

Le Préfet statuera dans le délai d'un mois.

Passé le délai de quinze jours sans qu'aucune demande ait été produite, le Préfet peut déclarer qu'il ne s'oppose pas à la délibération.

ART. 67. — Le Conseil municipal et, en dehors du Conseil, toute partie intéressée peut se pourvoir contre l'arrêté du Préfet devant le Conseil d'État. Le pourvoi est introduit et jugé dans les formes du recours pour excès de pouvoir.

ART. 68. — Ne sont exécutoires qu'après avoir été approuvées par l'autorité supérieure les délibérations portant sur les objets suivants :

1° Les conditions des baux dont la durée dépasse dix-huit ans ;

ART. 68. — Ne sont exécutoires qu'après avoir été approuvées par l'autorité supérieure les délibérations portant sur les objets suivants :

1° Les conditions des baux dont la durée dépasse dix-huit ans ;

2º Les aliénations et échange de propriétés communales ;

3º Les acquisitions d'immeubles, les constructions nouvelles, les reconstructions entières ou partielles, les projets, plans et devis des grosses réparations et d'entretien, quand la dépense totalisée avec les dépenses de même nature pendant l'exercice courant, dépasse les limites des ressources ordinaires et extraordinaires que les Communes peuvent se créer sans autorisation spéciale ;

4º Les transactions ;

5º Les changements d'affectation d'une propriété communale déjà affectée à un service public ;

6º La vaine pâture ;

2º *Les aliénations et échanges d'immeubles, meubles et produits communaux d'une valeur supérieure à mille francs ;*

3º *Les acquisitions d'immeubles, les constructions nouvelles, les reconstructions entières ou partielles, plans, devis des grosses réparations et d'entretien, quand la dépense pour chaque objet est supérieure à mille francs ;*

4º *Les transactions ;*

5º *Le changement d'affectation d'une propriété communale déjà affectée à un service public ;*

6º *Le classement, le déclassement, le redressement, ou le prolongement, l'élargissement, la suppression, la dénomination des rues et places publiques formant le prolongement des chemins vicinaux et des routes, la suppression et la dénomination des autres rues et places publiques, le tarif des droits de stationnement et de location sur les dépendances du domaine public, des chemins vicinaux et des routes et des voies et places publiques formant le prolongement des chemins vicinaux et des routes ;*

7° Le classement, le déclassement, le redressement, ou le prolongement, l'élargissement, la suppression, la dénomination des rues et places publiques, la création et la suppression des promenades, squares ou jardins publics, champs de foire de tir ou de course, l'établissement des plans d'alignement et de nivellement des voies publiques municipales, les modifications à des plans d'alignement adoptés, le tarif des droits de voirie, le tarif des droits de stationnement et de location sur les dépendances de grande voiries, et, généralement, les tarifs des droits divers à percevoir au profit des Communes en vertu de l'article 133 de la présente loi ;

8° L'acceptation des dons et legs faits à la commune lorsqu'il y a des charges ou conditions, ou lorsqu'ils donnent lieu à des réclamations des familles;

9° Le budget communal ;

10° Les crédits supplémentaires ;

7° *L'acceptation des dons et legs faits à la Commune lorsqu'il y a des charges ou conditions ou lorsqu'ils donnent lieu à des réclamations des familles ;*

8° *Les crédits supplémentaires quand le Conseil municipal ne se renferme pas dans la limite des vingt centimes extraordinaires qu'il peut imposer pour cinq ans à la Commune sans autorisation spéciale ;*

9° *Les contributions extraordinaires qui dépassent le maximum de vingt centimes pendant cinq ans et les emprunts gagés sur des crédits dépassant également ce maximum ;*

10° *Les octrois ;*

Les délibérations qui ne sont pas soumises à l'approbation préfectorale ne deviendront néan-

moins exécutoires que deux mois après la date de l'accusé de réception délivré au Maire par le Préfet ou le Sous-Préfet.

Le Préfet pourra toujours abréger le délai.

Les Conseils municipaux votent les tarifs des droits de voirie et généralement les tarifs des droits divers à percevoir au profit des Communes en vertu de l'article 133 de la présente loi dans les limites d'un maximum fixé par arrêté préfectoral. Si ce maximum est dépassé les délibérations sont soumises à l'approbation du Préfet.

Les Conseils municipaux peuvent décider du mode d'exécution des travaux communaux quand la somme à dépenser ne dépasse pas mille francs. Même dans ce cas le Préfet peut exiger la production des plans et devis et de toutes les pièces justificatives de la dépense, mais seulement si la Commune demande une subvention au Département ou à l'État.

Si la somme à dépenser dépasse mille francs, le Préfet autorise l'exécution des travaux par voie de régie, de traité de gré à gré soumis à son approbation ou d'adjudication publique quelque soit pour ces trois modes de travaux le chiffre de la dépense.

Les budgets ne sont pas sou-

mis à l'approbation. Toutefois les budgets de toutes les Communes doivent être transmis, par l'intermédiaire du Sous-Préfet au Préfet qui se réserve le droit dans un délai de deux mois, à partir de l'accusé de réception délivré au Maire, d'y faire apporter ou d'y apporter d'office les modifications nécessaires conformément aux lois et aux règlements d'administration publique. Le Préfet peut toujours avant l'expiration du délai de deux mois faire connaître au Maire qu'il ne s'oppose pas au vote du budget.

11º Les contributions extraordinaires et les emprunts, sauf dans le cas prévu par l'article 141 de la présente loi ;

12º Les octrois dans les cas prévus aux articles 137 et 138 de la présente loi.

13º L'établissement, la suppression ou les changements des foires et marchés autres que les simples marchés d'approvisionnement.

Les délibérations qui ne sont pas soumises à l'approbation préfectorale ne deviendront néanmoins exécutoires qu'un mois après le dépôt qui aura été fait à la Préfecture ou à la Sous-Préfecture. Le Préfet pourra par un arrêté abréger ce délai.

ART. 69. — Les délibérations des Conseils municipaux sur les objets énoncés à l'article précédent sont exécutoires, sur l'approbation du Préfet, sauf les cas où l'approbation par le ministre compétent, par le Conseil général, par la Commission départementale, par un décret ou par une loi, est prescrite par les lois et règlements.

Le Préfet statue en Conseil de Préfecture dans les cas prévus nᵒˢ 1, 2, 4, 6 de l'article précédent.

Lorsque le Préfet refuse son approbation ou qu'il n'a pas fait connaître sa décision dans un délai d'un mois à partir de la date du récépissé, le Conseil municipal peut se pourvoir devant le Ministre de l'Intérieur.

ART. 70. — Le Conseil municipal est toujours appelé à donner son avis sur les objets suivants :

1º Les circonscriptions relatives aux cultes ;

2º Les circonscriptions relatives à la distribution des secours publics ;

3º Les projets d'alignement et de nivellement de grande voirie dans l'intérieur des villes, bourgs et villages ;

4º La création des bureaux de bienfaisance ;

ART. 69. — Les délibérations des Conseils municipaux sur les objets énoncés à l'article précédent sont exécutoires sur l'approbation du Préfet, sauf les cas où l'approbation par le ministre compétent, par le Conseil général, par la Commission départementale, par un décret ou par une loi, est prescrite par les lois et règlements.

Lorsque le Préfet refuse son approbation ou qu'il n'a pas fait connaître sa décision dans un délai de deux mois à partir de la date du récépissé, le Conseil municipal peut se pourvoir devant le Ministre de l'Intérieur,

ART. 70. — Le Conseil municipal est toujours appelé à donner son avis sur les objets suivants :

1º Les circonscriptions relatives aux cultes ;

2º Les circonscriptions relatives à la distribution des secours publics ;

3º Les projets d'alignement et de nivellement de grande voirie dans l'intérieur des villes, bourgs et villages ;

5° Les budgets et les comptes des hospices, hôpitaux et autres établissements de charité et de bienfaisance, des fabriques et autres administrations préposées aux cultes dont les ministres sont salariés par l'État ; les autorisations d'acquérir, d'aliéner, d'emprunter, d'échanger, de plaider ou de transiger, demandées par les mêmes établissements ; l'acceptation des dons et legs qui leur sont faits :

6° Enfin, tous les objets sur lesquels les Conseils municipaux sont appelés par les lois et règlements à donner leur avis, et ceux sur lesquels ils seront consultés par le Préfet.

Lorsque le Conseil municipal, à ce régulièrement requis et convoqué, refuse ou néglige de donner son avis, il peut être passé outre.

ART. 71. — Le Conseil municipal délibère sur les comptes d'administration qui lui sont annuellement présentés par le Maire, conformément à l'article 151 de la présente loi.

Il entend, débat et arrête les comptes de deniers des receveurs, sauf règlement définitif, conformément à l'article 157 de la présente loi.

ART. 72. — Il est interdit à tout Conseil municipal soit de

4° Les budgets et les comptes des hospices, hôpitaux et autres établissements de charité et de bienfaisance, des fabriques et autres administrations préposées aux cultes dont les ministres sont salariés par l'État ; les autorisations d'acquérir, d'aliéner, d'emprunter, d'échanger, de plaider ou de transiger, demandées par les mêmes établissements ; l'acceptation des dons et legs qui leur sont faits ;

5° Enfin, tous les objets sur lesquels les Conseils municipaux sont appelés par les lois et règlements à donner leur avis, et ceux sur lesquels ils seront consultés par le Préfet.

Lorsque le Conseil municipal, à ce régulièrement requis et convoqué, refuse ou néglige de donner son avis, il peut être passé outre.

ART. 72. — Il est interdit à tout Conseil municipal soit de

publier des proclamations et adresses, soit d'émettre des vœux politiques, soit, hors les cas prévus par la loi, de se mettre en communication avec un ou plusieurs Conseils municipaux.

La nullité des actes et des délibérations prises en violation de cet article est prononcée dans les formes indiquées aux articles 63 et 65 de la présente loi.

publier des proclamations et adresses, soit d'émettre des vœux politiques, soit, hors les cas prévus par la loi, de se mettre en communication avec un ou plusieurs Conseils municipaux.

La nullité des actes et des délibérations prises en violation de cet article est prononcée dans les formes indiquées aux articles 63, 64 et 65 de la présente loi.

TITRE III

DES MAIRES ET DES ADJOINTS

Art. 73. — Il y a dans chaque Commune un Maire et un ou plusieurs adjoints élus parmi les membres du Conseil municipal.

Le nombre des adjoints est d'un dans les Communes de 2,500 habitants et au-dessous, de deux dans celles de 2,501 à à 10,000. Dans les Communes d'une population supérieure, il y aura un adjoint de plus par chaque excédent de 25,000 habitants, sans que le nombre des adjoints puisse dépasser douze, sauf en ce qui concerne la ville de Lyon, où le nombre des adjoints sera porté à dix-sept.

La ville de Lyon continue à être divisée en six arrondissements municipaux. Le Maire délègue spécialement deux de ses adjoints dans chacun de ces arrondissements. Ils sont chargés de la tenue des registres de l'état civil et des autres attributions déterminées par le règlement d'administration publique du 11 juin 1881, rendu en exécution de la loi du 21 avril 1881.

ART. 74. — Les fonctions de Maires, adjoints, Conseillers municipaux sont gratuites. Elles donnent seulement droit au remboursement des frais que nécessite l'exécution des mandats spéciaux. Les Conseils municipaux peuvent voter, sur les ressources ordinaires de la Commune, des indemnités aux Maires pour frais de représentation.

ART. 75. — Lorsqu'un obstacle quelconque ou l'éloignement rend difficiles, dangereuses ou momentanément impossibles les communications entre le chef-lieu et une fraction de Commune, un poste d'adjoint spécial peut être institué, sur la demande du Conseil municipal, par un décret rendu en Conseil d'État.

Cet adjoint, élu par le Conseil, est pris parmi les conseillers et, à défaut d'un conseiller résidant dans cette fraction de Commune, ou, s'il est empêché, parmi les habitants de la fraction. Il remplit les fonctions d'officier de l'état civil, et il peut être chargé de l'exécution des lois et des règlements de police dans cette partie de la Commune. Il n'a pas d'autres attributions.

ART. 76. — Le Conseil municipal élit le Maire et les ad-

ART. 75. — *Lorsqu'un obstacle, etc...*

... un poste d'adjoint spécial peut être institué, sur la demande du Conseil municipal, par arrêté préfectoral.

Cet adjoint, etc...

joints parmi ses membres, au scrutin secret à la majorité absolue.

Si, après deux tours de scrutin, aucun candidat n'a obtenu la majorité absolue, il est procédé à un troisième tour de scrutin et l'élection a lieu à la majorité relative. En cas d'égalité de suffrages, le plus âgé est déclaré élu.

ART. 77. — La séance dans laquelle il est procédé à l'élection du Maire est présidée par le plus âgé des membres du Conseil municipal.

Pour l'élection du Maire ou des adjoints, les membres du Conseil municipal sont convoqués dans les formes et délais prévus par l'article 48 ; la convocation contiendra la mention spéciale de l'élection à laquelle il devra être procédé.

Avant cette convocation, il sera procédé aux élections qui pourraient être nécessaires pour compléter le Conseil municipal. Si, après les élections complémentaires, de nouvelles vacances se produisent, le Conseil municipal procédera néanmoins à l'élection du Maire et des adjoints, à moins qu'il ne soit réduit aux trois quarts de ses membres. En ce cas, il y aura lieu de recourir à de nouvelles élections complémen-

ART. 77. — La séance dans laquelle il est procédé à l'élection du Maire est présidée par le plus âgé des membres du Conseil municipal.

Pour toute élection du Maire ou des adjoints, les membres du Conseil municipal sont convoqués dans les formes et délais prévus par l'article 48 ; la convocation contiendra la mention spéciale de l'élection à laquelle il devra être procédé.

Avant cette convocation, il sera procédé aux élections qui pourraient être nécessaires pour compléter le Conseil municipal, mais seulement s'il est réduit à la moitié de ses membres. Si, après les élections complémentaires, de nouvelles vacances se produisent, le Conseil municipal procédera néanmoins à la nomination du Maire et des adjoints, à moins qu'il ne soit réduit à la moitié de ses membres. En ce cas, il y aura lieu

taires. Il y sera procédé dans le délai d'un mois, à dater de la dernière vacance.

de recourir à de nouvelles élections complémentaires. Il y sera procédé dans le délai d'un mois à dater de la dernière vacance.

ART. 78. — Les nominations sont rendues publiques dans les vingt-quatre heures de leur date, par voie d'affiche à la porte de la mairie. Elles sont, dans le même délai, notifiées au Sous-Préfet.

ART. 79. — L'élection du Maire et des adjoints peut-être arguée de nullité dans les conditions, formes et délais prescrits pour les réclamations contre les élections du Conseil municipal. Le délai de cinq jours court à partir de vingt-quatre heures après l'élection.

Lorsque l'élection est annulée ou que, pour tout autre cause, le Maire ou les adjoints ont cessé leurs fonctions, le Conseil, s'il est au complet, est convoqué pour procéder au remplacement dans le délai de quinzaine.

S'il y a lieu de compléter le Conseil, il sera procédé aux élections complémentaires dans la quinzaine de la vacance, et le nouveau Maire sera élu dans la quinzaine qui suivra. Si, après les élections complémentaires, de nouvelles vacances se produisent, l'article 77 sera applicable.

ART. 79. — L'élection du Maire et des adjoints, etc...

Lorsque l'élection est annulée ou que, pour tout autre cause, le Maire ou les adjoints ont cessé leurs fonctions, le Conseil, s'il est en nombre, est convoqué pour procéder au remplacement dans le délai de quinzaine.

S'il y a lieu de compléter le Conseil, etc...

ART. 80. — Ne peuvent être Maires ou adjoints ni en exercer même temporairement les fonctions :

Les agents et employés des administrations financières, les trésoriers - payeurs généraux, les receveurs particuliers et les percepteurs ; les agents des forêts, ceux des postes et des télégraphes, ainsi que les gardes des établissements publics et des particuliers.

Les agents salariés du Maire ne peuvent être adjoints.

ART. 81. — Les Maires et adjoints sont nommés pour la même durée que le Conseil municipal.

Ils continuent l'exercice de leurs fonctions sauf les dispositions des articles 80, 86, 87 de la présente loi, jusqu'à l'installation de leurs successeurs.

Toutefois, en cas de renouvellement intégral, les fonctions de Maire et d'adjoints sont, à partir de l'installation du nouveau Conseil jusqu'à l'élection du Maire, exercées par les Conseillers municipaux dans l'ordre du tableau.

ART. 82. — Le Maire est seul chargé de l'administration ; mais il peut, sous sa surveillance et sa responsabilité, déléguer par arrêté une partie de ses fonctions à un ou plusieurs de ses adjoints, et, en l'absence ou en cas d'empêchement des adjoints, à des membres du Conseil municipal.

Ces délégations subsistent tant qu'elles ne sont pas rapportées.

ART. 83. — Dans le cas où les intérêts du Maire se trouvent en opposition avec ceux de la Commune, le Conseil municipal désigne un autre de ses membres pour représenter la Commune soit en justice, soit dans les contrats.

ART. 84. — En cas d'absence, de suspension, de révocation ou de tout autre empêchement, le Maire est provisoirement remplacé, dans la plénitude de ses fonctions, par un adjoint, dans l'ordre des nominations, et, à défaut d'adjoints, par un Conseiller municipal désigné par le Conseil, sinon pris dans l'ordre du tableau.

ART. 85. — Dans le cas où le Maire refuserait ou négligerait de faire un des actes qui lui seraient prescrits par la loi, le Préfet peut, après l'en avoir requis, y procéder d'office par lui-même ou par un délégué spécial.

ART. 85. — Dans le cas où le Maire refuserait ou négligerait de faire un des actes qui lui seraient prescrits par la loi, le Préfet dans l'arrondissement chef-lieu ou le Sous-Préfet peuvent, après l'en avoir requis, y procéder d'office par eux-mêmes ou par un délégué spécial.

ART. 86. — Les Maires et adjoints peuvent être suspendus par arrêté du Préfet pour un temps qui n'excédera pas un mois et qui peut être porté à trois mois par le Ministre de l'Intérieur.

Ils ne peuvent être révoqués que par décret du Président de la République.

La révocation emporte de plein droit l'inéligibilité aux fonctions de Maire et à celles d'adjoint pendant une année à dater du décret de révocation, à moins qu'il ne soit procédé auparavant au renouvellement général des Conseils municipaux.

Dans les colonies régies par la présente loi, la suspension peut être prononcée par arrêté du gouverneur pour une durée de trois mois. Cette durée ne peut être prolongée par le Ministre.

Le Gouverneur rend compte immédiatement de sa décision au Ministre de la marine et des colonies.

ART. 87. — Au cas prévu et réglé par l'article 44, le Président et, à son défaut, le Vice-Président de la délégation spéciale remplit les fonctions de Maire.

Ses pouvoirs prennent fin dès l'installation du nouveau Conseil.

ART. 86. — Les Maires et adjoints peuvent être suspendus par arrêté du Préfet pour un temps qui n'excédera pas un mois et qui peut être porté à trois mois par le Ministre de l'Intérieur.

Ils ne peuvent être révoqués que par décret du Président de la République.

La révocation emporte de plein droit l'inéligibilité aux fonctions de Maire et à celles d'adjoint jusqu'au renouvellement général des Conseils municipaux.

Dans les colonies régies par la présente loi, etc...

Le Gouverneur, etc...

ART. 88. — Le Maire nomme
à tous les emplois communaux
pour lesquels les lois, décrets
et ordonnances actuellement en
vigueur ne fixent pas un droit
spécial de nomination.

Il suspend et révoque les titulaires de ces emplois.

Il peut faire assermenter et
commissionner les agents nommés par lui, mais à la condition
qu'ils soient agréés par le Préfet ou le Sous-Préfet.

ART. 89. — Lorsque le Maire
procède à une adjudication publique pour le compte de la
Commune, il est assisté de deux
membres du Conseil municipal
désignés d'avance par le Conseil ou, à défaut de cette désignation, appelés dans l'ordre
du tableau.

Le Receveur municipal est
appelé à toutes les adjudications. Toutes les difficultés qui
peuvent s'élever sur les opérations préparatoires de l'adjudication sont résolues, séance
tenante, par le Maire et les
deux assistants, à la majorité des
voix, sauf le recours de droit.

Il n'est pas dérogé aux prescriptions du décret du 17 mai
1809 relatives à la mise en ferme
des octrois.

ART. 90. — Le Maire est
chargé, sous le contrôle du

Conseil municipal et sous la surveillance de l'administration supérieure :

1° De conserver et d'administrer les propriétés de la Commune et de faire, en conséquence, tous actes conservatoires de ses droits ;

2° De gérer les revenus, de surveiller les établissements communaux et la comptabilité communale ;

3° De préparer et proposer le budget et ordonnancer les dépenses ;

4° De diriger les travaux communaux ;

5° De pourvoir aux mesures relatives à la voirie municipale ;

6° De souscrire les marchés, de passer les baux des biens et les adjudications des travaux communaux dans les formes établies par les lois et règlements et par les articles 68 et 69 de la présente loi ;

7° De passer dans les mêmes formes les actes de vente, échange, partage, acceptation de dons ou legs, acquisition, transaction, lorsque ces actes ont été autorisés conformément à la présente loi ;

8° De représenter la Commune en justice, soit en demandant, soit en défendant ;

9° De prendre, de concert avec les propriétaires ou les détenteurs du droit de chasse dans les buissons, bois et forêts, toutes les mesures nécessaires à la destruction des animaux nuisibles désignés dans l'arrêté du Préfet pris en vertu de l'article 9 de la loi du 3 mai 1844 ;

De faire, pendant le temps de neige, à défaut des détenteurs du droit de chasse, à ce dûment invités, détourner les loups et sangliers remis sur le territoire ; de requérir, à l'effet de les détruire, les habitants avec armes et chiens propres à la chasse de ces animaux ;

De surveiller et d'assurer l'exécution des mesures ci-dessus et d'en dresser procès-verbal ;

10° Et, d'une manière générale, d'exécuter les décisions du Conseil municipal.

ART. 91. — Le Maire est chargé, sous la surveillance de l'administration supérieure, de la police municipale, de la police rurale et de l'exécution des actes de l'autorité supérieure qui y sont relatifs.

ART. 92. — Le Maire est chargé, sous l'autorité de l'administration supérieure :

1° De la publication et de l'exécution des lois et règlements ;

2° De l'exécution des mesures de sûreté générale ;

3° Des fonctions spéciales qui lui sont attribuées par les lois.

ART. 93. — Le Maire, ou à son défaut, le Sous-Préfet pourvoit d'urgence à ce que toute personne décédée soit ensevelie et inhumée décemment, sans distinction de culte ni de croyance.

ART. 94. — Le maire prend des arrêtés à l'effet :

1° D'ordonner les mesures locales sur les objets confiés par les lois à sa vigilance et à son autorité ;

2° De publier de nouveau les lois et les règlements de police et de rappeler les citoyens à leur observation.

ART. 95. — Les arrêtés pris par le Maire sont immédiatement adressés au Sous-Préfet ou, dans l'arrondissement du chef-lieu du département, au Préfet.

Le Préfet peut les annuler ou en suspendre l'exécution.

Ceux de ces arrêtés qui portent règlement permanent ne sont exécutoires qu'un mois après la remise de l'ampliation constatée par les récépissés délivrés par le Sous-Préfet ou le Préfet.

Néanmoins, en cas d'urgence,

le Préfet peut en autoriser
l'exécution immédiate.

ART. 96. — Les arrêtés du
Maire ne sont obligatoires
qu'après avoir été portés à la
connaissance des intéressés,
par voie de publications et
d'affiches, toute les fois qu'ils
contiennent des dispositions
générales, et, dans les autres
cas, par voie de notification
individuelle.

La publication est constatée
par une déclaration certifiée
par le Maire.

La notification est établie par
le récépissé de la partie intéressée, ou à son défaut, par
l'original de la _ otification con-
servé dans les archives de la
Mairie.

ART. 97. — La police mu-
nicipale a pour objet d'assurer
le bon ordre, la sûreté et la salubrité publiques.

Elle comprend notamment :

1º Tout ce qui intéresse la
sûreté et la commodité du passage dans les rues, quais, places
et voies publiques, ce qui comprend le nettoiement, l'éclai-
rage, l'enlèvement des encom-
brements, la démolition ou la
réparation des édifices me-
naçant ruine, l'interdiction de
rien exposer aux fenêtres ou
aux autres parties des édifices

qui puisse nuire par sa chute
ou celle de rien jeter qui puisse
endommager les passants ou
causer des exhalaisons nuisibles ;

2° Le soin de réprimer les
atteintes à la tranquillité publique, telles que les rixes et dis-
putes accompagnées d'ameu-
tement dans les rues, le tu-
multe excité dans les lieux d'assemblée publique, les attroupements, les bruits et rassemblements nocturnes qui trou-
blent le repos de habitants, et
tous actes de nature à compromettre la tranquillité publique ;

3° Le maintien du bon ordre
dans les endroits où il se fait
de grands rassemblements
d'hommes, tels que les foires,
marchés, réjouissances et cérémonies publiques, spectacles,
jeux, cafés, églises et autres
lieux publics ;

4° Le mode de transport des
personnes décédées, les inhumations et exhumations, le
maintien du bon ordre et de la
décence dans les cimetières,
sans qu'il soit permis d'établir
des distinctions ou des prescriptions particulières à raison
des croyances ou du culte du
défunt ou des circonstances qui
ont accompagné sa mort ;

5° L'inspection sur la fidé-
lité du débit des denrées qui se
vendent au poids ou à la me-

sure, et sur la salubrité des comestibles exposés en vente ;

6° Le soin de prévenir, par des précautions convenables, et celui de faire cesser, par la distribution des secours nécessaires, les accidents et les fléaux calamiteux, tels que les incendies, les inondations, les maladies épidémiques ou contagieuses, les épizooties, en provoquant, s'il y a lieu, l'intervention de l'administration supérieure ;

7° Le soin de prendre provisoirement les mesures nécessaires contre les aliénés dont l'état pourrait compromettre la morale publique, la sécurité des personnes ou la conservation des propriétés ;

8° Le soin d'obvier ou de remédier aux événements fâcheux qui pourraient être occasionnés par la divagation des animaux malfaisants ou féroces.

Art. 98. — Le Maire a la police des routes nationales et départementales, et des voies de communication dans l'intérieur des agglomérations, mais seulement en ce qui touche à la circulation sur lesdites voies.

Il peut, moyennant le paiement de droits fixés par un tarif dûment établi, sous les réserves imposées par l'article 7

Art. 98. — Le Maire a la police de toutes les voies de communication dans l'intérieur des agglomérations, mais seulement en ce qui touche à la circulation sur les dites voies.

Il peut, etc...

de la loi du 11 frimaire an VII,
donner des permis de stationnement ou de dépôt temporaire
sur la voie publique, sur les
rivières, ports fluviaux, et
autres lieux publics.

Les alignements individuels,
les autorisations de bâtir, les
autres permissions de voirie
sont délivrés par l'autorité com-
pétente, après que le Maire
aura donné son avis dans le cas
où il ne lui appartient pas de
les délivrer lui-même.

Les alignements, etc...

Les permissions de voirie à
titre précaire ou essentielle-
ment révocable sur les voies
publiques qui sont placées dans
les attributions du Maire et
ayant pour objet, notamment,
l'établissement dans le sol de
la voie publique des canalisa-
tions destinées au passage ou à
la conduite soit de l'eau, soit
du gaz, peuvent, en cas de
refus du Maire non justifié
par l'intérêt général, être accordées par le Préfet.

Les permissions, etc...

*... être accordées par le Préfet
dans l'arrondissement chef-lieu
ou par le Sous-Préfet, dans les
autres arrondissements.*

ART. 99. — Les pouvoirs qui
appartiennent au Maire en vertu de l'article 91, ne font pas
obstacle au droit du Préfet de
prendre, pour toutes les Communes du département ou plusieurs d'entre elles, et dans
tous les cas où il n'y aurait pas
été pourvu par les autorités municipales, toutes mesures rela-

tives au maintien de la salubrité, de la sûreté et de la tranquillité publiques.

Ce droit ne pourra être exercé par le Préfet à l'égard d'une seule commune qu'après une mise en demeure au Maire restée sans résultats.

ART. 100. — Les cloches des églises sont principalement affectées aux cérémonies du culte.

Néanmoins, elles peuvent être employées dans le cas de péril commun qui exigent un prompt secours et dans les circonstances où cet emploi est prescrit par des dispositions de lois ou règlements, ou autorisé par les usages locaux.

Les sonneries religieuses comme les sonneries civiles, feront l'objet d'un règlement concerté entre l'évêque et le Préfet, ou entre le Préfet et les consistoires, et arrêté, en cas de désaccord, par le Ministre des Cultes.

ART. 101. — Une clef du clocher sera déposé entre les mains des titulaires ecclésiastiques, une autre entre les mains du Maire, qui ne pourra en faire usage que dans les circonstances prévues par les lois et règlements.

Si l'entrée du clocher n'est

pas indépendante de celle de l'église, une clef de la porte de l'église sera déposée entre les mains du Maire.

ART. 102. — Toute Commune peut avoir un ou plusieurs gardes champêtres. Les gardes champêtres sont nommés par le Maire ; ils doivent être agréés et commissionnés par le Sous-Préfet ou par le Préfet dans l'arrondissement du chef-lieu. Le Préfet ou le Sous-Préfet devra faire connaître son agrément ou son refus d'agréer dans le délai d'un mois. Ils doivent être assermentés. Ils peuvent être suspendus par le Maire. La suspension ne pourra durer plus d'un mois ; le Préfet seul peut les révoquer.

En dehors de leurs fonctions relatives à la police rurale, les gardes champêtres sont chargés de rechercher, chacun dans le territoire pour lequel il est assermenté, les contraventions aux règlements et arrêtés de police municipale. Ils dressent des procès-verbaux pour constater ces contraventions.

ART. 103. — Dans les villes ayant plus de 40,000 habitants, l'organisation du personnel chargé du service de la police est réglée, sur l'avis du Conseil

ART. 102. — Toute Commune peut avoir un ou plusieurs gardes champêtres. Les gardes champêtres sont nommés par le Sous-Préfet ou le Préfet dans l'arrondissement chef-lieu sur la présentation du Maire. Le Préfet, ou le Sous-Préfet doivent procéder à leur nomination ou faire connaître leur refus de nommer dans le délai d'un mois. Les gardes champêtres doivent être assermentés. Ils peuvent être suspendus par le Maire. La suspension ne pourra durer plus d'un mois. Le Préfet seul peut les révoquer.

En dehors de leurs fonctions relatives à la police rurale, etc...

ART. 103. — Dans les villes ayant plus de 40,000 habitants, l'organisation du personnel chargé du service de la police est réglée, sur l'avis du Conseil

municipal, par décret du Président de la République.

Si un Conseil municipal n'allouait pas les fonds exigés pour la dépense, ou n'allouait qu'une somme insuffisante, l'allocation nécessaire serait inscrite au budget par décret du Président de la République, le Conseil d'État entendu.

Dans toutes les Communes, les Inspecteurs de police, les brigadiers et les sous-brigadiers et les_agents de police nommés par le Maire doivent être agréés par le Sous-Préfet ou par le Préfet. Ils peuvent être suspendus par le Maire, mais le Préfet seul peut les révoquer.

ART. 104. — Le Préfet du Rhône exerce dans les Communes de Lyon, Caluire et Cuire, — Oullins, Sainte-Foy, — Saint-Rambert, Villeurbanne, — Vaux-en-Velin, — Bron, Vernissieux et Pierre-Bénite, du département du Rhône, et dans celle de Satho-

municipal, par décret du Président de la République.

Si un Conseil municipal n'allouait pas les fonds exigés pour la dépense, ou n'allouait qu'une somme insuffisante, l'allocation nécessaire serait inscrite au budget par arrêté préfectoral.

Dans toutes les Communes les inspecteurs de police, les brigadiers et les agents de police sont nommés par le Sous-Préfet ou le Préfet dans l'arrondissement chef-lieu. Ils peuvent être suspendus par le Maire. La suspension ne pourra durer plus d'un mois. Le Préfet seul peut les révoquer. Le Préfet ou le Sous-Préfet doivent procéder à leur nomination ou faire connaître leur refus de nommer dans le délai d'un mois. Si le Maire ne présente au choix du Préfet ou du Sous-Préfet aucun candidat qu'ils veuillent accepter, le Préfet ou le Sous-Préfet, après la troisième présentation faite à quinze jours d'intervalle, peuvent procéder d'office à une nomination. Cette disposition est applicable aux gardes champêtres.

nay, du département de l'Ain, les mêmes attributions que celles qu'exercent le Préfet de police dans les Communes suburbaines de la Seine.

ART. 105. — Dans les Communes dénommés à l'article 104, les Maires restent investis de tous les pouvoirs de police conférés aux administrations municipales par les paragraphes 1, 4, 5, 6, 7 et 8 de l'article 97.

Ils sont, en outre, chargés du maintien du bon ordre dans les foires, marchés, réjouissances et cérémonies publiques, spectacles, jeux, cafés, églises et autres lieux publics.

ART. 106. — Les Communes sont civilement responsables des dégâts et dommages résultant des crimes ou délits commis à force ouverte ou par violence sur leur territoire par des attroupements ou rassemblements armés ou non armés, soit envers les personnes, soit contre les propriétés publiques ou privées.

Les dommages-intérêts dont la Commune est responsable sont répartis entre tous les habitants domiciliés dans la dite Commune, en vertu d'un rôle spécial comprenant les quatre contributions directes.

ART. 107. — Si les attroupements ou rassemblements ont
été formés d'habitants de plusieurs Communes, chacune
d'elles est responsable des dégâts et dommages causés dans
la proportion qui sera fixée par
les tribunaux.

ART. 108. — Les disposi-
tions des articles 106 et 107 ne
sont pas applicables :

1° Lorsque la Commune peut
prouver que toutes les mesures
qui étaient en son pouvoir ont
été prises à l'effet de prévenir
les attroupements ou rassemblements et d'en faire connaître
les auteurs ;

2° Dans les Communes où la
municipalité n'a pas la disposition de la police locale ni de la
force armée ;

3° Lorsque les dommages
causés sont le résultat d'un fait
de guerre.

ART. 109. — La Commune
déclarée responsable peut exercer son recours contre les auteurs et complices du désordre.

TITRE IV

DE L'ADMINISTRATION DES COMMUNES

CHAPITRE PREMIER. — *Des biens, travaux et établissements communaux.*

ART. 110. — La vente des biens mobiliers et immobiliers des Communes, autres que ceux servant à un usage public, peut être autorisée, sur la demande de tout créancier porteur de titre exécutoire, par un décret du Président de la République, qui détermine les formes de la vente.

ART. 111. — Les délibérations du Conseil Municipal ayant pour objet l'acceptation de dons et legs, lorsqu'il y a des charges ou conditions, sont exécutoires sur arrêté du Préfet, pris en Conseil de Préfecture.

S'il y a réclamation des prétendants droit à la succession, quelles que soient la quotité et la nature de la donation ou du legs, l'autorisation ne peut être accordée que par décret rendu en Conseil d'État.

Si la donation ou le legs ont été faits à un hameau ou quar-

ART. 110. — *La vente des biens mobiliers et immobiliers des Communes, autres que ceux servant à un usage public, peut être autorisée, sur la demande de tout créancier porteur de titre exécutoire, par un arrêté préfectoral qui détermine les formes de la vente.*

ART. 111. — *Les délibérations du Conseil municipal ayant pour objet l'acceptation de dons et legs, lorsqu'il y a des charges ou conditions sont exécutoires sur arrêté du Préfet.*

S'il y a réclamation des prétendants droit à la succession, etc...

Si la donation ou le legs, etc...

tier d'une Commune qui n'est
pas encore à l'état de section
ayant la personnalité civile, les
habitants du hameau ou quar-
tier seront appelés à élire une
commission syndicale, conformément à l'article 129 ci-des-
sous. La commission syndicale
délibérera sur l'acceptation de
la libéralité, et, dans aucun cas,
l'autorisation d'accepter ne
pourra être accordée que par
un décret rendu dans la forme
des règlementsd'administration
publique.

ART. 112. — Lorsque la délibération porte refus de dons
ou legs, le Préfet peut, par un
arrêté motivé, inviter le Conseil municipal à revenir sur sa
première délibération. Le refus
n'est définitif que si, par une
seconde délibération, le Conseil municipal déclare y persis-
ter.

Si le don ou le legs a été fait
à une section de Commune et
que le Conseil municipal soit
d'avis de refuser la libéralité,
il sera procédé comme il est dit
au paragraphe 3 de l'art. 111.

ART. 113. — Le Maire peut
toujours, à titre conservatoire,
accepter les dons ou legs et
former avant l'autorisation
toute demande en délivrance.
Le décret du Président de la

République, l'arrêté du Préfet ou la délibération du Conseil municipal, qui interviennent ultérieurement, ont effet du jour de cette acceptation.

ART. 114. — Aucune construction nouvelle ou reconstruction ne peut être faite que sur la production des plans et devis approuvés par le Conseil municipal, sauf les exceptions prévues par des lois spéciales.

Les plans et devis sont, en outre, approuvés par le Préfet dans les cas prévus par l'article 68, paragraphe 3.

ART. 115. — Les traités de gré à gré à passer dans les conditions prévues par l'ordonnance du 14 novembre 1837, et qui ont pour objet l'exécution par entreprise des travaux d'ouverture des nouvelles voies publiques et de tous autres travaux communaux, sont approuvés par le Préfet, ou par décret, dans le cas prévu par l'article 145, paragraphe 3.

Il en est de même des traités portant concession à titre exclusif, ou pour une durée de plus de trente années, des grands services municipaux, ainsi que des tarifs et traités relatifs aux pompes funèbres.

ART. 116. — Deux ou plu-

ART. 114. — Aucune construction nouvelle ou reconstruction ne peut être faite que sur la production des plans et devis approuvés par le Conseil municipal, sauf les exceptions prévues par des lois spéciales.

Les plans et devis sont, en outre, approuvés par le Préfet, dans les cas prévus par l'article 68, paragraphe 3.

ART. 115. — Les traités de gré à gré et autres modes d'exécution qui ont pour objet l'entreprise des travaux d'ouverture des nouvelles voies publiques et de tous autres travaux communaux sont approuvés par le Préfet ou par décret, dans les cas prévus par l'article 145, mais seulement quand la Commune ne peut pas en vertu des dispositions de l'article 68, décider elle-même du mode d'exécution des travaux.

Il en est de même des traités portant concession à titre exclusif, ou par une durée de plus de trente années, des grands services municipaux, ainsi que des tarifs et traités relatifs aux pompes funèbres.

sieurs Conseils municipaux peuvent provoquer entre eux, par l'entremise de leurs présidents, et après en avoir averti les Préfets, une entente sur les objets d'utilité communale compris dans leurs attributions et qui intéressent à la fois leurs communes respectives.

Ils peuvent faire des conventions à l'effet d'entreprendre ou de conserver à frais communs des ouvrages ou des institutions d'utilité commune.

ART. 117. — Les questions d'intérêt commun seront débattues dans des conférences où chaque Conseil municipal sera représenté par une commission spéciale nommée à cet effet et composée de trois membres nommés au scrutin secret.

Les Préfets et les Sous-Préfets des départements et arrondissements comprenant les Communes intéressées pourront toujours assister à ces conférences.

Les décisions qui y seront prises ne seront exécutoires qu'après avoir été ratifiées par tous les Conseils municipaux intéressés et sous les réserves énoncées au chapitre 3 du titre IV de la présente loi.

ART. 118. — Si des questions autres que celles que prévoit

l'article 116 étaient mises en discussion, le Préfet du département où la conférence a lieu déclarerait la réunion dissoute.

Toute délibération prise après cette déclaration donnerait lieu à l'application des dispositions et pénalités énoncées à l'article 34 de la loi du 10 août 1871.

ART. 119. — Les délibérations des commissions administratives des hospices, hôpitaux et autres établissements charitables communaux concernant un emprunt sont exécutoires en vertu d'un arrêté du Préfet, sur avis conforme du Conseil municipal, lorsque la somme à emprunter ne dépasse pas le chiffre des revenus ordinaires de l'établissement et que le remboursement doit être effectué dans un délai de douze années.

Si la somme à emprunter dépasse ledit chiffre ou si le délai de remboursement excède douze années, l'emprunt ne peut être autorisé que par un décret du Président de la République.

Le décret est rendu en Conseil d'État si l'avis du Conseil municipal est contraire, ou s'il s'agit d'un établissement ayant plus de 100,000 francs de revenus.

ART. 119. — Les délibérations des commissions administratives des hospices, hôpitaux et autres établissements charitables communaux concernant un emprunt sont exécutoires, en vertu d'un arrêté du Préfet, sur avis conforme du Conseil municipal, que la somme à emprunter dépasse ou non le chiffre des revenus ordinaires de l'établissement, pourvu que le délai de remboursement ne dépasse pas trente ans.

Si ce délai est dépassé, si l'avis du Conseil municipal est contraire, ou s'il s'agit d'un établissement ayant plus de 100,000 francs de revenus l'emprunt ne peut être autorisé que par un décret.

L'emprunt ne peut être autorisé que par une loi, lorsque la somme à emprunter dépasse 500,000 francs, ou lorsque ladite somme, réunies aux chiffres d'autres emprunts non encore remboursés dépasse 500,000 fr

L'emprunt ne peut-être autorisé que par une loi, lorsque la somme à emprunter dépasse 500,000 francs ou lorsque ladite somme, réunie aux chiffres d'autres emprunts non encore remboursés, dépasse 500,000 francs.

Art. 120. — Les délibérations par lesquelles les commissions administratives chargées de la gestion des établissements publics communaux changeraient en totalité ou en partie l'affectation des locaux ou objets immobiliers ou mobiliers appartenant à ces établissements, dans l'intérêt d'un service public ou privé quelconque, ou mettraient à la disposition, soit d'un autre établissement public ou privé, soit d'un particulier, lesdits locaux et objets, ne sont exécutoires qu'après avis du Conseil municipal, et en vertu d'un décret rendu sur la proposition du Ministre de l'Intérieur.

Art. 120. — Les délibérations par lesquelles les commissions administratives chargées de la gestion des établissements publics communaux changeraient en totalité ou en partie l'affectation des locaux ou objets immobiliers ou mobiliers appartenant à ces établissements, dans l'intérêt d'un service public ou privé quelconque, ou mettrait à la disposition, soit d'un autre établissement public ou privé, soit d'un particulier, les dits locaux et objets, ne sont exécutoires qu'après avis du Conseil municipal et en vertu d'un arrêté préfectoral. Il est statué par un décret rendu sur la proposition du Ministre de l'Intérieur, si l'avis du Conseil municipal est contraire.

CHAPITRE II. — *Des actions judiciaires.*

Art. 121. — Nulle Commune ou section de Commune ne peut ester en justice sans y être autorisée par le Conseil de Préfecture, sauf les cas prévus

Art. 121. — Nulle Commune ou section de Commune ne peut intenter d'action judiciaire sans y être autorisée par le Conseil de Préfecture, sauf les cas prévus

aux articles 122 et 154 de la présente loi.

aux art. 122 et 154 de la présente loi. Elle peut se défendre sans autorisation contre toute action qui lui serait intentée, à moins que le Préfet n'estime que l'autorisation du Conseil de Préfecture soit nécessaire.

Après tout jugement intervenu, la Commune ne peut se pourvoir devant un autre degré de juridiction qu'en vertu d'une nouvelle autorisation du Conseil de Préfecture.

Dans les cas prévus par les deux paragraphes précédents, la décision du Conseil de Préfecture doit être rendue dans les deux mois, à compter du jour de la demande en autorisation. A défaut de décision rendue dans ledit délai, la Commune est autorisée à plaider.

Après tout jugement intervenu, la Commune si elle a intenté l'action, ou si comme défenderesse elle a reçu l'autorisation du Conseil de Préfecture ne peut se pourvoir, etc....

Dans les cas, etc...

ART. 122. — Le Maire peut toujours, sans autorisation préalable, intenter toute action possessoire ou y défendre et faire tous actes conservatoires ou interruptifs des déchéances.

Il peut, sans autre autorisation, interjeter appel de tout jugement et se pourvoir en cassation ; mais il ne peut ni suivre sur son appel, ni suivre sur le pourvoi qu'en vertu d'une nouvelle autorisation.

ART. 123. — Tout contribuable inscrit au rôle de la

Commune a le droit d'exercer, à ses frais et risques, avec l'autorisation du Conseil de Préfecture, les actions qu'il croit appartenir à la Commune ou section, et que celle-ci, préalablement appelée à en délibérer, a refusé ou négligé d'exercer.

La Commune ou section est mise en cause et la décision qui intervient a effet à son regard.

Art. 124. — Aucune action judiciaire autre que les actions possessoires ne peut, à peine de nullité, être intentée contre une Commune qu'autant que le demandeur a préalablement adressé au Préfet ou au Sous-Préfet un mémoire exposant l'objet et les motifs de sa réclamation. Il lui en est donné récépissé.

L'action ne peut être portée devant les tribunaux que deux mois après la date du récépissé, sans préjudice des actes conservatoires.

La présentation du mémoire interrompt toute prescription ou déchéance, si elle est suivie d'une demande en justice dans le délai de trois mois.

Art. 125. — Le Préfet ou le Sous-Préfet adresse immédiatement le mémoire au Maire, avec l'invitation de convoquer le Conseil municipal dans le

Art. 125. — *Le Préfet dans l'arrondissement chef-lieu ou le Sous-Préfet adresse immédiatement le mémoire au Maire, avec l'invitation de convoquer le Con-*

plus bref délai, pour en délibérer.

La délibération du Conseil
municipal est transmise au
Conseil de Préfecture, qui
décide si la Commune doit être
autorisée à ester en justice.

La décision du Conseil de
Préfecture doit être rendue dans
le délai de deux mois, à dater
du dépôt du mémoire.

ART. 126. — Toute décision
du Conseil de Préfecture portant refus d'autorisation doit
être motivée.

La Commune, la section de
Commune ou le contribuable
auquel l'autorisation a été refu-
sée peuvent se pourvoir devant
le Conseil d'État.

Le pourvoi est introduit et
jugé en la forme administrative.
Il doit, à peine de déchéance,
être formé dans le délai de deux
mois à dater de la notification
de l'arrêté du Conseil de Préfecture.

Il doit être statué sur le pourvoi dans le délai de deux mois à
partir du jour de son enregistrement au secrétariat général
du Conseil d'État.

ART. 127. — En cas de pourvoi de la Commune ou section
contre la décision du Conseil
de Préfecture, le demandeur
peut néanmoins introduire l'ac-

seil municipal, dans le plus bref
délai, pour en délibérer.

Si le Préfet estime qu'il y a
lieu de recourir à l'autorisation
du Conseil de Préfecture, la délibération du Conseil municipal
est transmise à ce Conseil, etc...

La décision, etc...

ART. 127. — En cas de pourvoi de la Commune ou section
de Commune contre la décision
du Conseil de Préfecture, l'instance est suspendue etc...

tion; mais l'instance est suspendue jusqu'à ce qu'il ait été
statué par le Conseil d'État ou
jusqu'à l'expiration du délai
dans lequel le Conseil d'État
doit statuer. A défaut de décision rendue dans les délais ci-
dessus impartis, la Commune
est autorisée à ester en justice.
Mais, en cas d'appel ou de
pourvoi en cassation, il doit être
procédé comme il est dit à l'article 121.

ART. 128. — Lorsqu'une section se propose d'intenter ou
de soutenir une action judiciaire soit contre la Commune
dont elle dépend, soit contre
une autre section de la même
Commune, il est formé pour la
section et pour chacune des
sections intéressées, une commission syndicale distincte.

ART. 129. — Les membres de
la commission syndicale sont
choisis parmi les éligibles de
la Commune et nommés par les
électeurs de la section qui
l'habitent et par les personnes
qui, sans être portées sur la
liste électorale, y sont propriétaires fonciers.

Le Préfet est tenu de convoquer les électeurs dans le délai
d'un mois pour nommer une
commission syndicale, toutes
les fois qu'un tiers des habi-

tants ou propriétaires de la
section lui adresse à cet effet
une demande motivée sur
l'existence d'un droit litigieux
à exercer au profit de la section contre la Commune ou
une autre section de la Commune.

Le nombre des membres de
la commission est fixé par l'arrêté qui convoque les électeurs.

Ils élisent parmi eux un président chargé de suivre l'action.

ART. 130. — Lorsque le
Conseil municipal se trouve
réduit à moins du tiers de ses
membres, par suite de l'abs-
tention, prescrite par l'article
64, des Conseillers municipaux
qui sont intéressés à la jouissance des biens et droits re-
vendiqués par une section, le
Préfet convoque les électeurs
de la Commune, déduction faite
de ceux qui habitent ou sont
propriétaires sur le territoire
de la section, à l'effet d'élire
ceux d'entre eux qui doivent
prendre part aux délibérations
aux lieu et place des Conseillers municipaux obligés de
s'abstenir.

ART. 131. — La section qui
a obtenu une condamnation
contre la Commune ou une
autre section n'est point pas-

sible des charges ou contributions imposées pour l'acquittement des frais et dommages-intérêts qui résultent du procès.

Il en est de même à l'égard de toute partie qui plaide contre une Commune ou section de Commune.

CHAPITRE III. — *Du budget communal.*

SECTION PREMIÈRE. — **Recettes et Dépenses**

ART. 132. — Le budget communal se divise en budget ordinaire et en budget extraordinaire.

ART. 133. — Les recettes du budget ordinaire se composent :

1° Des revenus de tous les biens dont les habitants n'ont pas la jouissance en nature ;

2° Des cotisations imposées annuellement sur les ayants droit aux fruits qui se perçoivent en nature ;

3° Du produit des centimes ordinaires et spéciaux affectés aux Communes par les lois de finances ;

4° Du produit de la portion accordée aux Communes dans certains des impôts et droits perçus pour le compte de l'État ;

5° Du produit des octrois

ART. 133. — *Les recettes du budget ordinaire se composent :*

(La suite de l'art. 133, même texte).

municipaux affectés aux dépenses ordinaires ;

6° Du produit des droits de place perçus dans les halles, foires, marchés, abattoirs, d'après les tarifs dûment établis ;

7° Du produit des permis de stationnement et de location sur la voie publique, sur les rivières, ports et quais fluviaux et autres lieux publics ;

8° Du produit des péages communaux, des droits de pesage, mesurage et jaugeage, des droits de voirie et autres droits légalement établis ;

9° Du produit des terrains communaux affectés aux inhumations et de la part revenant aux Communes dans le prix des concessions dans les cimetières ;

10° Du produit des concessions d'eau et de l'enlèvement des boues et immondices de la voie publique et autres concessions autorisées pour les services communaux ;

11° Du produit des expéditions des actes administratifs et des actes de l'état civil ;

12° De la portion que les lois accordent aux Communes dans les produits des amendes prononcées par les tribunaux de police correctionnelle et de simple police ;

13° Du produit de la taxe de

6ª *Du produit, etc...*

(La suite de l'art. 133, même texte)

balayage dans les Communes de France et d'Algérie où elle sera établie, sur la demande, conformément aux dispositions de la loi du 26 mars 1873, en vertu d'un décret rendu dans la forme des règlements d'administration publique ;

14° Et généralement du produit des contributions, taxes et droits dont la perception est autorisée par les lois dans l'intérêt des Communes, et de toutes les ressources annuelles et permanentes ; en Algérie et dans les colonies, des ressources dont la perception est autorisée par les lois et décrets.

L'établissement des centimes pour insuffisance de revenus est autorisé par arrêté du Préfet lorsqu'il s'agit de dépenses obligatoires.

Il est approuvé par décret dans les autres cas.

ART. 134. — Les recettes du budget extraordinaire se composent :

1° Des contributions extraordinaires dûment autorisées ;

14° *Et généralement, etc...*

L'établissement des centimes pour insuffisance de revenus est autorisé par arrêté du Préfet lorsqu'il s'agit de dépenses obligatoires.

Il est autorisé par décret dans les autres cas. L'autorisation par arrêté du Préfet et l'approbation par décret ne sont pas nécessaires quand le maximum de vingt centimes extraordinaires que les Communes peuvent voter sans autorisation spéciale n'est pas dépassé.

ART. 134. — *Les recettes du budget extraordinaire se composent :*

1° *Des contributions extraordinaires ;*

2º Du prix des biens aliénés ;

3º Des dons et legs ;

4º Du remboursement des capitaux exigibles et des rentes rachetées ;

5º Du produit des emprunts ;

7º Du produit des taxes ou des surtaxes d'octroi spécialement affectées à des dépenses extraordinaires et à des remboursements d'emprunt ;

8º Et de toutes autres recettes accidentelles.

ART. 135. — Les dépenses du budget ordinaire comprennent les dépenses annuelles et permanentes d'utilité communale.

Les dépenses du budget extraordinaire comprennent les dépenses accidentelles ou temporaires qui sont imputées sur des recettes énumérées à l'article 134 ou sur l'excédent des recettes ordinaires.

ART. 136. — Sont obligatoires pour les Communes les dépenses suivantes :

1º L'entretien de l'hôtel-de-ville, où, si la Commune n'en possède pas, la location d'une maison ou d'une salle pour en tenir lieu ;

2º Les frais de bureau et d'impression pour le service de la Commune, de conservation des archives communales et du

2º *Du prix des biens aliénés ;*

(La suite de l'art. 134, même texte).

ART. 136. — *Sont obligatoires, etc...*

(La suite de l'art. 136, même texte).

recueil des actes administratifs du département ; les frais d'abonnement au *Bulletin des Communes* et, pour les Communes chefs-lieux de canton, les frais d'abonnement et de conservation du *Bulletin des lois ;*

3º Les frais de recensement de la population ; ceux des assemblées électorales qui se tiennent dans les Communes et ceux des cartes électorales ;

4º Les frais des registres de l'état civil et des livrets de famille et la portion de la table décennale des actes de l'état civil à la charge des Communes ;

5º Le traitement du receveur municipal, du proposé en chef de l'octroi et les frais de perception ;

6º Les traitements et autres frais du personnel de la police municipale et rurale et des gardes des bois de la Commune ;

7º Les pensions à la charge de la Commune, lorsqu'elles ont été régulièrement liquidées et approuvées ;

8º Les frais de loyer et de réparation du local de la justice de paix, ainsi que ceux d'achat et d'entretien de son mobilier dans les Communes chefs-lieux de canton ;

9º Les dépenses relatives à l'instruction publique, conformément aux lois ;

10° Le contingent assigné à la Commune, conformément aux lois, dans la dépense des enfants assistés et des aliénés ;

11° L'indemnité de logement aux curés et desservants et ministres des autres cultes salariés par l'État, lorsqu'il n'existe pas de bâtiment affecté à leur logement et lorsque les fabriques ou autres administrations préposées aux cultes ne pourront pourvoir elles-mêmes au payement de cette indemnité ;

12° Les grosses réparations aux édifices communaux, sauf, lorsqu'ils sont consacrés aux cultes, l'application préalable des revenus et ressources disponibles des fabriques à ces réparations, et sauf l'exécution des lois spéciales concernant les bâtiments affectés à un service militaire.

S'il y a désaccord entre la fabrique et la Commune, quand le concours financier de cette dernière est réclamé par la fabrique dans les cas prévus aux paragraphes 11° et 12°, il est statué par décret sur les propositions des Ministres de l'Intérieur et des Cultes;

10° Le contingent, etc...

(La suite de l'art. 136, même texte).

S'il y a désaccord entre la fabrique et la Commune, quand le concours financier de cette dernière est réclamé par la fabrique dans les cas prévus aux paragraphes 11° et 12°, il est statué par arrêté préfectoral après avis de l'Évêque. En cas de désaccord entre le Préfet et l'Évêque, il est statué par décret rendu sur les propositions des Ministres de l'Intérieur et des Cultes ;

13° La clôture des cime-
tières, leur entretien et leur
translation dans les cas déterminés par les lois et règlements d'administration publique ;

14° Les frais d'établissement
et de conservation des plans
d'alignement et de nivellement ;

15° Les frais et dépenses des
Conseils de prud'hommes, pour
les Communes comprises dans
le territoire de leur juridiction
et proportionnellement au
nombre des électeurs inscrits
sur les listes électorales spéciales à l'élection et les menus
frais des chambres consulta-
tives des arts et manufactures
pour les Communes où elles
existent ;

16° Les prélèvements et contributions établis par les lois
sur les biens et revenus communaux ;

17° L'acquittement des dettes
exigibles ;

18° Les dépenses des che-
mins vicinaux dans les limites
fixées par la loi ;

19° Dans les colonies régies
par la présente loi, le traitement du secrétaire et des employés de la mairie ; les contributions assises sur les biens
communaux ; les dépenses pour
le service de la milice qui ne
sont pas à la charge du Trésor ;

13° *La clôture, etc...*

(La suite de l'art. 136, même texte).

20° Les dépenses occasion-
nées par l'application de l'article 85 de la présente loi, et
généralement toutes les dépenses mises à la charge des
Communes par une disposition
de loi.

ART. 137. — L'établissement
des taxes d'octroi votées par
les Conseils municipaux, ainsi
que les règlements relatifs à
leur perception, sont autorisés
par des décrets du Président
de la République rendus en
Conseil d'État, après avis du
Conseil général ou de la commission départementale dans
l'intervalle des sessions.

Il en sera de même de toute
délibération portant augmentation ou prorogation de taxe
pour une période de plus de
cinq ans.

Les délibérations concer-
nant :

1° Les modifications aux
règlements ou aux périmètres
existants ;

2° L'assujettissement à la
taxe d'objets non encore impo-
sés au tarif local ;

3° L'établissement ou le
renouvellement d'une taxe non
comprise dans le tarif général ;

4° L'établissement ou le
renouvellement d'une taxe excédant le minimum fixé par ledit
tarif général ;

20° Les dépenses, etc...

ARTICLE 137. — L'établissement des taxes d'octroi votées
par les Conseils municipaux,
ainsi que les règlements relatifs
à leur perception sont autorisés
par des décrets du Président de
la République, sauf les recours
légaux.

Il en sera de même, etc...

(La suite de l'art. 137, même texte).

Doivent être pareillement approuvées par décret du Président de la République rendu en Conseil d'État, après avis du Conseil général ou de la Commission départementale dans l'intervalle des sessions.

Doivent être pareillement approuvées par décret du Président de la République.

Les surtaxes d'octroi sur les vins, cidres, poirés, hydromels et alcools, au delà des proportions déterminées par les lois spéciales concernant les droits d'entrée du Trésor, ne peuvent être autorisées que par une loi.

Les surtaxes d'octroi, etc..

ART. 138. — Sont exécutoires, sur l'approbation du Préfet, conformément aux dispositions de l'article 69 de la présente loi, mais toutefois après avis du Conseil général, ou de la Commission départementale dans l'intervalle des sessions, les délibérations prises par les Conseils municipaux concernant la suppression ou la diminution des taxes d'octroi.

ART. 138. — Sont exécutoires par elles-mêmes les délibérations prises par les Conseils municipaux concernant la suppression ou la diminution des taxes d'octroi.

ART. 139. — Sont exécutoires par elles-mêmes les délibérations prises par les Conseils municipaux prononçant la prorogation ou l'augmentation des taxes d'octroi pour une période de cinq ans au plus, sous la réserve toutefois qu'aucune des taxes ainsi maintenues ou modifiées n'excédera le maximum déterminé par le tarif général et ne portera que sur des objets compris dans ce tarif.

ART. 140. — Les taxes particulières dues par les habitants ou propriétaires en vertu des lois et des usages locaux sont réparties par une délibération du Conseil municipal approuvée par le Préfet.

Ces taxes sont perçues suivant les formes établies pour le recouvrement des contributions publiques.

ART. 141. — Les Conseils municipaux peuvent voter, dans la limite du maximum fixé chaque année par le Conseil général, des contributions extraordinaires n'excédant pas cinq centimes pendant cinq années, pour en affecter le produit à des dépenses extraordinaires d'utilité communale.

Ils peuvent aussi voter 3 centimes extraordinaires exclusivement affectés aux chemins vicinaux ordinaires, et 3 centimes extraordinaires exclusivement affectés aux chemins ruraux reconnus.

Ils votent et règlent les emprunts communaux remboursables sur les centimes extraordinaires votés comme il vient d'être dit au premier paragraphe du présent article, ou sur les

ART. 140. — *Les taxes particulières dues par les habitants ou propriétaires en vertu des lois et des usages locaux sont réparties également par une délibération du Conseil municipal d'après un tarif maximum homologué par le Préfet.*

Ces taxes, etc...

ART. 141. — *Les Conseils municipaux votent sans autorisation des contributions extraordinaires n'excédant pas vingt centimes pendant cinq années pour en affecter le produit à des dépenses d'utilité communale. A l'expiration de chaque période de cinq ans les Conseils municipaux peuvent voter dans les mêmes conditions la prolongation de ces contributions extraordinaires pour une nouvelle durée de 5 années.*

Ils votent sans autorisation trois centimes extraordinaires exclusivement affectés aux chemins vicinaux ordinaires, et trois centimes extrordinaires exclusivement affectés aux chemins ruraux reconnus, ainsi que tous les centimes extraordinaires établis en vertu de lois spéciales. Ces centimes spéciaux extraor-

ressources ordinaires, quand l'amortissement, en ce dernier cas, ne dépasse pas trente ans.

dinaires ne se confondent pas avec les vingt centimes extraordinaires que les communes peuvent voter sans autorisation pour les besoins communaux.

Ils votent, etc...

ART. 142. — Les Conseils municipaux votent, sauf approbation du Préfet :

1° Les contributions extraordinaires qui dépasseraient cinq centimes, sans excéder le maximum fixé par le Conseil général, et dont la durée excédant cinq années ne serait pas supérieure à trente ans.

2° Les emprunts remboursables sur les mêmes contributions extraordinaires ou sur les revenus ordinaires dans un délai excédant, pour ce dernier cas, trente ans.

ART. 142. — Les Conseils municipaux votent sauf approbation du Préfet :

1° Les contributions extraordinaires qui dépasseraient vingt centimes et dont la durée excédant cinq ans ne serait pas supérieure à trente ans.

2° Les emprunts remboursables sur les mêmes contributions extraordinaires ou sur les revenus ordinaires dans un délai excédant dans ce dernier cas trente ans.

ART. 143. — Toute contribution extraordinaire dépassant le maximum fixé par le Conseil général, et tout emprunt remboursable sur cette contribution sont autorisés par décret du Président de la République.

Si la contribution est établie pour une durée de plus de trente ans, ou si l'emprunt remboursable sur ressources extraordinaires doit excéder, cette durée, le décret est rendu en Conseil d'État.

Il est statué par une loi si la

ART. 143. — Si la contribution est établie pour une durée de plus de trente ans, ou si l'emprunt remboursable sur ressources extraordinaires doit excéder cette durée, l'autorisation est donnée par décret.

Il est statué également par décret si la somme à emprunter dépasse un million, ou si réunie aux chiffres d'autres emprunts, non encore remboursés, elle dépasse un million.

somme à emprunter dépasse un million, ou si, réunie aux chiffres d'autres emprunts non encore remboursés, elle dépasse un million.

Art. 144. — Les forêts et les bois de l'État acquittent les centimes additionnels ordinaires et extraordinaires affectés aux dépenses des Communes dans la même proportion que les propriétés privées.

SECTION II. — Vote et règlement du Budget.

Art. 145. — Le budget de chaque Commune est proposé par le Maire, voté par le Conseil municipal et réglé par le Préfet.

Lorsqu'il pourvoit à toutes les dépenses obligatoires et qu'il n'applique aucune recette extraordinaire aux dépenses soit obligatoires, soit facultatives, ordinaires ou extraordinaires, les allocations portées audit budget pour les dépenses facultatives ne peuvent être modifiées par l'autorité supérieure.

Le budget des villes dont le revenu est de 3 millions de francs au moins est toujours soumis à l'approbation du Président de la République, sur la proposition du Ministre de l'Intérieur.

Art. 145. — *Le budget de chaque Commune est proposé par le Maire et voté par le Conseil municipal.*

Le budget est transmis au Préfet dans l'arrondissement chef-lieu ou au Sous-Préfet. Le Préfet dans un délai de deux mois qui court de l'accusé de réception au Maire, peut annuler tout vote de crédit entaché d'illégalité. Il peut dans le même délai faire apporter ou apporter d'office au budget toutes les modifications prescrites par les lois ou les règlements d'administration publique.

Lorsque le budget pourvoit à toutes les dépenses obligatoires et qu'il n'applique aucune recette extraordinaire, dépassant le maximum de vingt centimes extraordinaires votés sans autorisation, aux dépenses soit obli-

Le revenu d'une ville est réputé atteindre 3 millions de francs lorsque les recettes ordinaires constatées dans les comptes se sont élevées à cette somme pendant les trois dernières années.

Il n'est réputé être descendu au-dessous de 3 millions de francs que lorsque, pendant les trois dernières années, les recettes ordinaires sont restées inférieures à cette somme.

ART. 146. — Les crédits qui seront reconnus nécessaires après le règlement du budget seront votés et autorisés conformément à l'article précédent.

ART. 147. — Les Conseils municipaux peuvent porter au budget un crédit pour les dépenses imprévues.

La somme inscrite pour ce crédit ne peut être réduite ou rejetée qu'autant que les revenus ordinaires, après avoir satisfait à toutes les dépenses obligatoires, ne permettraient pas d'y faire face.

Le crédit pour dépenses imprévues est employé par le Maire.

Dans la première session qui suivra l'ordonnancement de chaque dépense, le Maire rendra compte au Conseil municipal, avec pièces justificatives à

gatoires, soit facultatives, ordinaires ou extraordinaires, les allocations portées au dit budget pour les dépenses facultatives ne peuvent être modifiées par l'autorité supérieure.

Le Préfet peut toujours, avant l'expiration du délai de deux mois, faire connaître qu'il ne s'oppose pas à l'exécution du budget.

Le budget des villes, etc...

ART. 146. — *Les crédits qui seront reconnus nécessaires après le vote du budget seront votés et autorisés conformément à l'article précédent.*

ART. 147. — *Les Conseils municipaux peuvent porter au budget un crédit pour les dépenses imprévues.*

La somme inscrite pour ce crédit ne peut être réduite ou rejetée que si pour faire face à la dépense, le Conseil municipal après avoir assuré les dépenses obligatoires a recours à une imposition extraordinaire dépassant le maximum de vingt centimes.

Le crédit pour, etc...
Dans la première session, etc.

l'appui de l'emploi de ce crédit. Ces pièces demeureront annexées à la délibération.

ART. 148. — Le décret du Président de la République ou l'arrêté du Préfet qui règle le budget d'une Commune peut rejeter ou réduire les dépenses qui y sont portées, sauf dans les cas prévus par le paragraphe 2 de l'article 145 et par le paragraphe 2 de l'article 147 ; mais il ne peut les augmenter ni en introduire de nouvelles qu'autant qu'elles sont obligatoires.

ART. 149. — Si un Conseil municipal n'allouait pas les fonds exigés par une dépense obligatoire, ou n'allouait qu'une somme insuffisante, l'allocation serait inscrite au budget par décret du Président de la République, pour les Communes dont le revenu est de 3 millions et au-dessus, et par arrêté du Préfet en Conseil de Préfecture pour celles dont le revenu est inférieur.

Aucune incription d'office ne peut être opérée sans que le Conseil municipal ait été, au préalable appelé à prendre une décision spéciale à ce sujet.

S'il s'agit d'une dépense annuelle et variable, le chiffre en

ART. 148. — Le décret du Président de la République qui règle le budget des villes dont le revenu est de trois millions de francs ou l'arrêté du Préfet pour le budget des autres Communes peut rejeter ou réduire les dépenses qui sont portées au budget communal, sauf dans les cas prévus par le paragraphe 3 de l'article 145 et par le paragraphe 2 de l'article 147 ; mais il ne peut les augmenter ni en introduire de nouvelles qu'autant qu'elles sont obligatoires.

ART. 149. — Si un Conseil municipal n'allouait pas les fonds exigés par une dépense obligatoire, ou n'allouait qu'une somme insuffisante, l'allocation serait inscrite au budget par décret du Président de la République, pour les Communes dont le revenu est de 3 millions et au dessus et par arrêté du Préfet pour celles dont le revenu est inférieur. Cette inscription doit être faite dans le délai de deux mois qui court de l'accusé de réception du Préfet.

Aucune inscription, etc...

S'il s'agit, etc...

est fixé sur sa quotité moyenne pendant les trois dernières années.

S'il s'agit d'une dépense annuelle et fixe de sa nature ou d'une dépense extraordinaire, elle est inscrite pour sa quotité réelle.

Si les ressources de la Commune sont insuffisantes pour subvenir aux dépenses obligatoires inscrites d'office, en vertu du présent article, il y est pourvu par le Conseil municipal, ou en cas ce refus de sa part, au moyen d'une contribution extraordinaire établie d'office par un décret si la contribution extraordinaire n'excède pas le maximum à fixer annuellement par la loi de finances, et par une loi spéciale, si la contribution doit excéder ce maximum.

ART. 150. — Dans le cas où pour une cause quelconque, le budget d'une commune n'aurait pas été définitivement réglé avant le commencement de l'exercice, les recettes et les dépenses ordinaires continuent jusqu'à l'approbation de ce budget, à être faites conformément à celui de l'année précédente. Dans le cas où il n'y aurait eu aucun budget antérieurement voté, le budget serait établi par le Préfet en Conseil de Préfecture,

S'il s'agit, etc...

Si les ressources de la Commune sont insuffisantes pour subvenir aux dépenses obligatoires inscrites d'office, en vertu du présent article, il y est pourvu par le Conseil municipal, ou, en cas de refus de sa part au moyen d'une contribution extraordinaire établie d'office par arrêté préfectoral.

Dans les Communes dont le revenu est de trois millions et au dessus, il est statué, par décret.

ART. 150. — *Dans le cas ou, pour une cause quelconque, le budget d'une Commune n'aurait pas été définitivement voté avant le commencement de l'exercice, les recettes et les dépenses ordinaires continuent, jusqu'au vote de ce budget, à être faites conformément à celui de l'année précédente. Dans le cas où il n'y aurait eu aucun budget antérieurement voté, le budget serait établi par le Préfet.*

CHAPITRE IV. — *De la comptabilité des Communes.*

ART. 151. — Les comptes du Maire, pour l'exercice clos, sont présentés au Conseil municipal avant la délibération du budget.

Ils sont définitivement approuvés par le Préfet.

ART. 151. — *Les comptes du Maire pour l'exercice clos, sont présentés au Conseil municipal avant la délibération du budget et approuvés par cette assemblée.*

Ils doivent être transmis au Préfet par l'intermédiaire du Sous-Préfet. Le Préfet dans un délai de deux mois à dater de l'accusé de réception peut présenter des observations sur les comptes et provoquer une nouvelle délibération du Conseil municipal.

ART. 152. — Le Maire peut seul délivrer des mandats.

S'il refusait d'ordonnancer une dépense régulièrement autorisée et liquide, il serait prononcé par le Préfet en Conseil de Préfecture et l'arrêté du Préfet tiendrait lieu du mandat du Maire.

ART. 152. — *Le Maire peut seul délivrer des mandats :*

S'il refusait d'ordonnancer une dépense régulièrement autorisée et liquide, il serait prononcé par le Préfet, et l'arrêté du Préfet tiendrait lieu du mandat du Maire.

ART. 153. — Les recettes et dépenses communales s'effectuent par un comptable, chargé seul et sous sa responsabilité de poursuivre la rentrée de tous revenus de la Commune et de toutes sommes qui lui seraient dues, ainsi que d'acquitter les dépenses ordonnancées par le Maire, jusqu'à concurrence des crédits régulièrement accordés.

Tous les rôles de taxe, de sous-répartitions et de prestations locales doivent être remis à ce comptable.

ART. 154. — Toutes les recettes municipales pour lesquelles les lois et règlements n'ont pas prescrit un mode spécial de recouvrement s'effectuent sur les états dressés par le Maire. Ces états sont exécutoires après qu'ils ont été visés par le Préfet ou le Sous-Préfet.

Les oppositions, lorsque la matière est de la compétence des tribunaux ordinaires, sont jugées comme affaires sommaires, et la Commune peut y défendre sans autorisation du Conseil de Préfecture.

ART. 155. — Toute personne autre que le receveur municipal qui, sans autorisation légale, se serait ingérée dans le maniement des deniers de la Commune, sera par ce seul fait constituée comptable et pourra, en outre, être poursuivie, en vertu du Code pénal, comme s'étant immiscée sans titre dans les fonctions publiques.

ART. 156. — Le Percepteur remplit les fonctions de receveur municipal.

ART. 154. — *Toutes les recettes municipales pour lesquelles les lois et règlements n'ont pas prescrit un mode spécial de recouvrement s'effectuent sur les états dressés par le Maire. Ces états sont exécutoires sous le contrôle et la responsabilité du receveur municipal.*

Les oppositions, etc...

ART. 156. — *Le Percepteur, etc...*

Néanmoins, dans les communes dont les revenus ordinaires excèdent 30,000 francs, ces fonctions peuvent être confiées, sur la demande du Conseil municipal, à un receveur municipal spécial.

Ce receveur spécial est nommé sur une liste de trois noms présentée par le Conseil municipal.

Il est nommé par le Préfet dans les communes dont le revenu ne dépasse pas 30,000 fr. et par le Président de la République, sur la proposition du Ministre des finances, dans les communes dont le revenu est supérieur.

En cas de refus, le Conseil municipal doit faire de nouvelles présentations.

Néanmoins, etc...

(La suite de l'article 156, même texte)

Les percepteurs et receveurs municipaux sont responsables de la régularité et de la légalité du recouvrement des recettes et du paiement des dépenses communales.

ART. 157. — Les comptes du receveur municipal sont apurés par le Conseil de Préfecture, sauf recours à la Cour des comptes pour les Communes dont les revenus ordinaires dans les trois dernières années n'excèdent pas 30,000 francs.

Ils sont apurés et définitivement réglés par la Cour des comptes pour les Communes dont le revenu est supérieur.

Ces distinctions sont applicables aux comptes des trésoriers des hôpitaux et autres établissements de bienfaisance.

ART. 158. — La responsabilité des receveurs municipaux et les formes de la comptabilité des Communes sont déterminées par des règlements, à la surveillance des receveurs des finances.

Dans les Communes où les fonctions de receveur municipal et de percepteur sont réunies, la gestion du comptable est placée sous la responsabilité du receveur ces finances, d'après les conditions déterminées par un règlement d'administration publique.

ART. 159. — Les comptables qui n'ont pas présenté leurs comptes dans les délais prescrits par les règlements peuvent être condamnés, par l'autorité chargée de juger lesdits comptes, à une amende de 10 fr. à 100 fr. par chaque mois de retard pour les receveurs et trésoriers justiciables des Conseils de Préfecture, et de 50 à 500 fr., également par mois de retard, pour ceux qui sont justiciables de la Cour des comptes.

Ces amendes sont attribuées aux Communes ou établissements que concernent les comptes en retard.

Elles sont assimilées, quant au mode de recouvrement et de poursuites, aux débets de comptables des deniers de l'État et la remise n'en peut être accordée que d'après les mêmes règles.

Art. 160. — Les budgets et les comptes des Communes restent déposés à la mairie ; ils sont rendus publics dans les Communes dont le revenu est de 100,000 fr. et au-dessus et dans les autres quand le Conseil municipal a voté la dépense de l'impression.

TITRE V

DES BIENS ET DROITS INDIVIS ENTRE PLUSIEURS COMMUNES

ART. 161. — Lorsque plusieurs Communes possèdent des biens ou des droits indivis, un décret du Président de la République instituera, si l'une d'elles le réclame, une commission syndicale composée de délégués des Conseils municipaux des Communes intéressées.

Chacun des conseils élira dans son sein, au scrutin secret, le nombre de délégués qui aura été déterminé par le décret du Président de la République.

La commission syndicale sera présidée par un syndic élu par les délégués et pris parmi eux. Elle sera renouvelée après chaque renouvellement des Conseils municipaux.

Les délibérations sont soumises à toutes les règles établies pour les délibérations des Conseils municipaux.

ART. 161. — *Lorsque plusieurs Communes possèdent des biens ou des droits indivis, un arrêté préfectoral instituera, si l'une d'elles le réclame, une commission syndicale composée de délégués des Conseils municipaux des Communes intéressées.*

Si les Communes appartiennent à des départements différents, un décret institue la commission syndicale.

Chacun des Conseils élira dans son sein, au scrutin secret, le nombre de délégués qui aura été déterminé par l'arrêté du Préfet ou par le décret du Président de la République.

La commission syndicale sera présidée par un syndic élu par les délégués et pris parmi eux. Elle sera renouvelée après chaque renouvellement des Conseils municipaux.

Les délibérations sont soumises à toutes les règles établies pour les délibérations des Conseils municipaux.

Si les Conseils municipaux appartiennent à des départe-

ments différents les délibérations sont approuvées par les Préfets des départements intéressés en cas de désaccord par décret.

ART. 162. — Les attributions de la commission syndicale et de son président comprennent l'administration des biens et des droits indivis et l'exécution des travaux qui s'y rattachent.

Ces attributions sont les mêmes que celles des Conseils municipaux et des Maires en pareille matière.

Mais les ventes, échanges, partages, acquisitions, transactions, demeurent réservés aux Conseils municipaux, qui pourront autoriser le président de la commission à passer les actes qui y sont relatifs.

ART. 163. — La répartition des dépenses votées par la commission syndicale est faite entre les Communes intéressées par les Conseils municipaux.

Leurs délibérations seront soumises à l'approbation du Préfet.

En cas de désaccord entre les Conseils municipaux, le Préfet prononcera, sur l'avis du Conseil général ou, dans l'intervalle des sessions, de la Commission départementale. Si les Conseils municipaux appar-

ART. 163. — La répartition des dépenses votées par la commission syndicale est faite entre les Communes intéressées par les Conseils municipaux.

Leurs délibérations sont soumises aux mêmes règles que celles qui régissent dans la présente loi les autres délibérations des Conseils municipaux. Elles ne doivent être approuvées que dans les cas prévus à la présente loi.

En cas de désaccord entre les Conseils municipaux, le Préfet prononcera. Si les Conseils mu-

tiennent à des départements différents, il sera statué par décret.

La part de la dépense définitivement assignée à chaque Commune sera portée d'office aux budgets respectifs, conformément à l'article 149 de la présente loi.

nicipaux appartiennent à des départements différents, il sera statué par les Préfets des départements intéressés et, en cas de désaccord entre les Préfets, par décret.

La part de la dépense définitivement assignée à chaque Commune sera portée d'office aux budgets respectifs conformément à l'article 149 de la présente loi.

TITRE VI

DISPOSITIONS RELATIVES A L'ALGÉRIE ET AUX COLONIES

ART. 164. — La présente loi est applicable aux Communes de plein exercice de l'Algérie, sous réserve des dispositions actuellement en vigueur concernant la constitution de la propriété communale, les formes et conditions des acquisitions, échanges, aliénations et partages, et sous réserve des dispositions concernant la représentation des musulmans indigènes.

Par dérogation aux articles 5 et 6 de la présente loi, les érections des Communes, les changements projetés à la circonscription territoriale des Communes, quand ils devront avoir pour effet de modifier les limites d'un arrondissement, seront décidés par dècret pris après avis du Conseil général.

Par dérogation à l'article 74, les Conseils municipaux peuvent allouer aux Maires des indemnités de fonctions, sauf approbation du Gouverneur général.

ART. 165. — La présente loi est également applicable aux

colonies de la Martinique, de la Guadeloupe et de la Réunion, sous les réserves suivantes :

Un arrêté du Gouverneur en conseil privé tiendra lieu du décret du Président de la République, dans les cas prévus aux articles 110, 145, 148 et 149.

Les attributions dévolues au Ministre de l'intérieur par les articles 40, 69 et 120 ; au Ministre des cultes par l'article 100, et au Ministre des finances par l'article 156 de la présente loi, sont conférées au Ministre de la marine et des colonies.

Les attributions conférées au Ministre de l'Intérieur et aux Préfets par les articles 4, 13, 15, 36, 40, paragraphe 4 ; 46, paragraphe 2 ; 47, 48, 60, paragraphe 1 ; 65, 66, 67, 69, 70, 85, 95, paragraphes 2 et 4 ; 98, paragraphe 4 ; 100, 111, 112, 113, 114, 115, 116, 117, 118, 119, 124, 129, 130, 133, paragraphe 15 ; 140, 142. 145, paragraphe 1er ; 146, 148, 149, 150, 151, 152 et 156 de la présente loi sont dévolues au Gouverneur.

Les attributions dévolues aux Préfets et aux Sous-Préfets par les articles 12, 29, 37, 38, 40, paragraphes 1, 2 et 3 ; 49, paragraphe 3 ; 52, 57, 60, paragraphe 2 ; 61, 62, 78, 88, 93,

95, paragraphes 1 et 3; 102, 103, 125 et 154 sont remplies par le Directeur de l'intérieur.

Les attributions conférées aux Conseils de Préfecture par les articles 36, 37, 38, 39, 40 et 60 sont dévolues au Conseil du contentieux administratif.

Les attributions dévolues aux Conseils de Préfecture par les articles 65, 66, 111, 121, 123, 125, 126, 127, 152, 154, 157 et 159 sont conférées au Conseil privé.

Les attributions dévolues à la Cour des comptes par les articles 157, paragraphe 2, et 159 sont conférées au Conseil privé, sauf recours à la Cour des comptes.

Les recours au Conseil d'État formés par l'administration contre les décisions du contentieux administratif sont transmis par le Gouverneur au Ministre de la marine et des colonies, qui en saisit le Conseil d'État.

Les dispositions du décret du 12 décembre 1882 sur le régime financier des colonies restent applicables à la comptabilité communale en tout ce qui n'est pas contraire à la présente loi.

ART. 166. — Les dispositions de la présente loi relatives aux octrois municipaux ne sont pas applicables à l'octroi de mer, qui reste assujetti aux règlements en vigueur en Algérie et dans les colonies.

TITRE VII

DISPOSITIONS GÉNÉRALES

ART. 167. — Les Conseils municipaux pourront prononcer la désaffectation totale ou partielle d'immeubles consacrés, en dehors des prescriptions de la loi organique des cultes du 18 germinal an X, et des dispositions relatives au culte israélite, soit aux cultes, soit à des services religieux ou à des établissements quelconques ecclésiastiques et civils.

Ces désaffectations seront prononcées dans la même forme que les affectations.

ART. 168. — Sont abrogés :

1° Le titre XI, article 3, de la loi des 16-24 août 1790.

2° Les articles 1, 2, 3 et 5 de la loi du 20 messidor an III. ;

3° Les titres I, IV et V de la loi du 10 vendémiaire an IV ;

4° La loi du 29 vendémiaire an V, la loi du 17 vendémiaire an X, l'arrêté du 21 frimaire an XII ;

ART. 168. — *Sont abrogées toutes les dispositions des lois antérieures, notamment celles de la loi du 5 avril 1884, contraires à la présente loi, sauf celles qui concernent la Ville de Paris.*

5° Les articles 36, nᵒˢ 4, 39, 49, 92 à 103, du décret du 30 décembre 1809 ; la loi du 14 février 1810 ;

6° La loi du 18 juillet 1837 ;

7° L'ordonnance du 18 décembre 1838 ;

8° L'ordonnance du 15 juillet 1840.

9° L'ordonnance du 7 août 1842 ;

10° La loi du 19 juin 1851, à l'exception de l'article 5 ;

11° Le décret des 4-11 septembre 1851 ;

12° L'article 5, nᵒˢ 13 et 21, du décret du 25 mars 1852.

13° La loi du 5 mai 1855 ;

14° Le décret du 13 avril 1861, tableau A, nᵒˢ 42, 48, 50, 51, 56, 59 ;

15° La loi du 24 juillet 1867, à l'exception de la disposition de l'article 9 relative à l'établissement du tarif général et de l'article 17 lequel reste en vigueur provisoirement, mais seulement en ce qui concerne la ville de Paris ;

16° La loi du 22 juillet 1870 ;

17° Les articles 1, 2, 3, 4, 5, 6, 8, 9, 18, 19, 20, de la loi du 14 avril 1871, le paragraphe 25 de l'article 46 et le para-

graphe 4 de l'article 48 de la
loi du 10 août 1871 ;

18º La loi du 4 avril 1873 ;

19º La loi du 20 janvier 1874 ;

20º La loi du 12 août 1876 ;

21º La loi du 21 avril 1881 ;

22º La loi du 28 mars 1882 ;

Sont abrogés également pour
les colonies, en ce qu'ils ont
de contraire à la présente loi :

23º Le décret colonial du
12 juin 1827 (Martinique) ;

24º Le décret colonial du
20 septembre 1837 (Guade-
loupe) ;

25º L'arrêté du 12 novembre
1848 (Réunion) ;

26º Le décret du 29 juin 1882
(Saint-Barthélemy) ;

27º L'article 116 du décret
du 20 novembre 1882 sur le
régime financier des colonies,
pour les colonies soumises à la
présente loi ;

28º Et, en outre, toutes dispositions contraires à la présente loi, sauf celles qui concernent la ville de Paris.

DISPOSITION TRANSITOIRE

Les sectionnements votés par les Conseils généraux, dans leur session du mois d'août 1883, recevront leur application dans toutes les Communes qui en ont été l'objet à l'occasion des élections municipales du 4 mai 1884.

La présente loi, délibérée et adoptée par le Sénat et par la Chambre des députés, sera exécutée comme loi de l'État.

Fait à Paris, le 5 avril 1884.

Jules GRÉVY.

Par le Président de la République,

Le Ministre de l'Intérieur,

WALDECK-ROUSSEAU.

Certifié conforme :

Le Préfet de la Somme,

Léon COHN.

www.ingramcontent.com/pod-product-compliance
Lightning Source LLC
Chambersburg PA
CBHW052212270326
41931CB00011B/2320